L'IA pour l'enseignement théologique

L'IA *pour l'enseignement théologique*

sous la supervision de
Thomas E. Phillips

Les Essentiels Théologiques

DTL

Library of Congress Cataloging-in-Publication Data
Données de catalogage avant publication de la
Bibliothèque du Congrès

Thomas E. Phillips (créateur).
[AI for Theological Education/ Thomas E. Phillips]
L'IA pour l'enseignement théologique / Thomas E. Phillips
124 + xiii pp. cm. 12.7 x 20.32
ISBN 979-8-89731-990-9 (Print)
ISBN 979-8-89731-133-0 (Ebook)
ISBN 979-8-89731-142-2 (Kindle)

     1. Enseignement théologique — Innovations
     technologiques
     2. Enseignement religieux — Innovations technologiques
     3. Séminaires — Programmes — Innovations
     technologiques
BV4019 .P55 2025f

*Ce livre est disponible dans d'autres langues à
www.DTLPress.com*

Image de couverture: Révision par IA du tableau de Michel-
Ange représentant Dieu tendant la main à Adam.
Crédit photo: DTL Staff, utilisant l'IA

Table des matières

Préface de la série

L'intelligence artificielle (IA) bouleverse tout, y compris la recherche et l'enseignement théologiques. Cette série, "Les Essentiels théologiques", vise à exploiter le potentiel créatif de l'IA dans le domaine de l'enseignement théologique. Dans le modèle traditionnel, un chercheur maîtrisant à la fois le discours académique et un enseignement réussi passait plusieurs mois, voire plusieurs années, à rédiger, réviser et réécrire un texte d'introduction, qui était ensuite transmis à un éditeur qui investissait également des mois, voire des années, dans la production. Même si le produit final était généralement assez prévisible, ce processus lent et coûteux a fait exploser le prix des manuels. En conséquence, les étudiants des pays développés ont payé ces livres plus cher qu'ils n'auraient dû, tandis que ceux des pays en développement n'y ont généralement pas eu accès (au coût prohibitif) jusqu'à ce qu'ils soient jetés ou donnés des décennies plus tard. Dans les générations précédentes, le besoin d'assurance qualité – sous forme de génération de contenu, de révision par des experts, de révision et de temps d'impression – a peut-être rendu inévitable cette approche lente, coûteuse et exclusive. Cependant, l'IA bouleverse tout.

Cette série est très différente; Il est créé par l'IA. La couverture de chaque volume indique que l'œuvre a été "créée sous la supervision" d'un expert du domaine. Cependant, cette personne n'est pas un auteur au sens traditionnel du terme. Le créateur de chaque volume a été formé par l'équipe de DTL à l'utilisation de l'IA et l'a utilisée pour créer, éditer, réviser et recréer le texte que vous voyez. Ce processus de création étant clairement défini, permettez-moi d'expliquer les objectifs de cette série.

Nos objectifs:

Crédibilité: Bien que l'IA ait fait – et continue de faire – d'énormes progrès ces dernières années, aucune IA non supervisée ne peut créer un texte de niveau universitaire ou de séminaire véritablement fiable ou pleinement crédible. Les limites du contenu généré par l'IA proviennent parfois des limites du contenu lui-même (l'ensemble d'entraînement peut être inadéquat), mais le plus souvent, l'insatisfaction des utilisateurs à l'égard du contenu généré par l'IA provient d'erreurs humaines liées à une mauvaise conception des messages. Les Presses DTL ont cherché à surmonter ces deux problèmes en recrutant des chercheurs reconnus, dotés d'une expertise largement reconnue, pour créer des ouvrages dans leurs domaines d'expertise et en formant ces chercheurs et experts à la conception des messages IA. Pour être clair, le chercheur dont le nom apparaît sur la couverture de cet ouvrage a créé ce volume: il l'a généré, lu, régénéré, relu et révisé. Bien que l'œuvre ait été générée (à des degrés divers) par l'IA, les noms de nos créateurs scientifiques figurent sur la couverture, garantissant ainsi la crédibilité de son contenu, comparable à celle de tout travail d'introduction que ce chercheur/créateur aurait rédigé selon le modèle traditionnel.

Accessibilité financière: Les Presses DTL adhèrent à l'idée que l'accessibilité financière ne devrait pas être un obstacle à la connaissance. Chacun a le même droit de savoir et de comprendre. Par conséquent, les versions numériques de tous les ouvrages des Presses DTL sont disponibles gratuitement dans les bibliothèques DTL, et les versions imprimées sont disponibles moyennant un prix modique. Nous remercions nos chercheurs/créateurs pour leur volonté de renoncer aux accords traditionnels de redevances. (Nos créateurs sont rémunérés pour leur travail génératif, mais ne perçoivent pas de droits d'auteur au sens traditionnel du terme.)

Accessibilité: Les éditions DTL souhaitent mettre à disposition de tous, partout dans le monde, des manuels d'introduction de haute qualité et à faible coût. Les ouvrages de cette collection sont immédiatement disponibles en plusieurs langues. Les éditions DTL réaliseront des traductions dans d'autres langues sur demande. Les traductions sont, bien entendu, générées par l'IA.

Nos limites reconnues:

Certains lecteurs pourraient objecter: "Mais l'IA ne peut produire que du savoir dérivé; elle ne peut pas créer de la recherche originale et innovante. " Cette critique est, en grande partie, fondée. L'IA excelle dans l'agrégation, l'organisation et la reformulation d'idées préexistantes, bien qu'elle puisse parfois accélérer et affiner la production de nouvelles recherches. Toutefois, tout en reconnaissant cette limite inhérente, DTL Press souligne deux points: (1) Les textes introductifs n'ont généralement pas pour vocation d'être révolutionnaires dans leur contenu. (2) DTL Press dispose d'autres collections dédiées à la publication d'ouvrages de recherche originale, rédigés selon un processus traditionnel.

Notre invitation:

DTL Press aspire à transformer en profondeur l'édition académique en théologie afin de rendre le savoir plus accessible et plus abordable de deux manières:

En générant des manuels introductifs couvrant l'ensemble des disciplines théologiques, afin qu'aucun étudiant ne soit jamais contraint d'acheter un manuel dans une langue donnée. Nous espérons que les enseignants, où qu'ils soient, puissent utiliser un ou plusieurs ouvrages de cette série comme supports pédagogiques dans leurs cours.

En publiant également des monographies académiques, rédigées de manière traditionnelle, et mises à disposition en libre accès pour un lectorat universitaire avancé.

Enfin, DTL Press est non confessionnelle et publiera des ouvrages dans tous les domaines des études religieuses. Les monographies traditionnelles sont évaluées par des pairs, tandis que la création des livres introductifs générés par IA est ouverte à tout expert disposant des compétences requises pour superviser le contenu dans son champ disciplinaire. Si vous partagez notre engagement envers la crédibilité, l'accessibilité financière et l'accessibilité universelle, nous vous invitons à rejoindre notre initiative et à contribuer à cette série ou à une autre collection plus traditionnelle. Ensemble, nous pouvons révolutionner l'édition académique en théologie.

Avec nos plus hautes attentes,

Thomas E. Phillips

Directeur exécutif de DTL Press

www.DTLPress.com
www.thedtl.org

Préface de l'auteur

L'IA bouleverse tout, même les écologies incroyablement résistantes au changement de l'enseignement supérieur et de la formation théologique. Bien que je ne possède ni la vision divinement inspirée d'un prophète sur l'avenir, ni le point de vue d'un technologue sur la prochaine révolution, je pense occuper une position qui devrait me permettre d'offrir des conseils limités sur l'IA aux enseignants en théologie curieux, mais largement non initiés.

En bref, écrivant à la manière du "discours du fou" de Paul dans 2 Corinthiens, bien que je reconnaisse pleinement les limites de ma propre compréhension et de mes compétences, j'ai une expertise plus que débutante dans les deux domaines abordés dans ce petit ouvrage. D'une part, j'ai consacré les trois dernières décennies à l'enseignement théologique, dont deux décennies comme professeur et spécialiste du Nouveau Testament, et une autre décennie comme directeur exécutif de la Bibliothèque théologique numérique. Je suis titulaire d'un doctorat en Nouveau Testament (SMU, 1998) et j'ai publié de nombreux ouvrages en études bibliques. D'autre part, je suis titulaire d'un master en systèmes d'information (Drexel, 2012) et j'ai collaboré étroitement avec de nombreux leaders mondiaux des technologies de l'information ces dernières années. Voilà qui met fin à ce discours de fou.

C'est pourquoi je propose ce livre aux enseignants en théologie, ayant un pied dans l'enseignement théologique et peut-être un orteil dans le monde des technologies. Je le présente comme un conseil de novice aux débutants. Voici ce que j'espère accomplir avec ce livre:

    * Expliquer ce qu'est l'IA et son fonctionnement;

    * Expliquer comment des universitaires et des institutions universitaires de premier plan utilisent l'IA pour mener à bien leurs missions et leurs travaux;

    * Aborder certaines questions philosophiques, éthiques et théologiques liées à l'existence et à l'utilisation de l'IA; et

    * Fournir des conseils pratiques sur l'utilisation de l'IA.

Je reconnais volontiers qu'une grande partie de ce livre, en particulier les aspects plus techniques, a été rédigée avec l'aide précieuse de l'IA (même si je suis entièrement responsable de chaque mot de ce livre).

De nombreux lecteurs trouveront certaines sections du livre, notamment les premiers chapitres consacrés à la technologie de l'IA, plutôt éthérées (voire carrément déroutantes), voire ennuyeuses. Ceux qui se surprennent à rêver en parcourant ces premiers chapitres sont invités à passer directement aux parties ultérieures, plus pratiques et utilitaires.

Certains penseront que j'ai "enterré l'idée principale" – ou du moins que j'ai retardé la transmission aux lecteurs de ce dont ils ont le plus besoin – jusqu'à la fin du livre. Je ne peux que témoigner du fait que, dans mon cas, mon utilisation de l'IA a suscité un désir toujours croissant de comprendre son fonctionnement si efficace. Ensuite, ma compréhension croissante de l'IA a alimenté un désir croissant de maîtriser l'utilisation de cette technologie incroyable. Plus j'utilise l'IA, plus je veux la comprendre. Plus je comprends l'IA, plus je veux l'utiliser.

Enfin, permettez-moi d'ajouter à ce témoignage personnel que la mission de la Bibliothèque théologique numérique (Digital Theological Library, DTL), que j'ai le privilège de diriger, est d'aider chacun à s'engager dans une réflexion autocritique sur sa propre foi et dans un dialogue humble avec les personnes d'autres traditions. Si vous partagez cette mission, je suis modestement confiant – et plein d'espoir – que vous trouverez ce livre utile. Je suis absolument certain que l'IA vous sera utile.

Thomas E. Phillips
(Auteur traditionnel)

Introduction
Pourquoi ce livre maintenant?

L'intelligence artificielle n'est plus un sujet réservé aux départements d'informatique ou aux think tanks de la Silicon Valley. Elle a investi nos salles de classe, les rouages de nos recherches et les politiques de nos institutions. Pour les enseignants et les administrateurs travaillant dans des contextes universitaires influencés par la spiritualité, cette émergence soulève des questions cruciales, non seulement sur la manière dont nous utilisons l'IA, mais aussi sur ce que nous devenons en sa présence.

Ce livre s'adresse à ceux qui s'engagent pour la formation des individus et des communautés par une éducation fondée sur des valeurs spirituelles. Que votre établissement soit confessionnel, interconfessionnel ou s'inscrive dans une démarche plus large de respect de la dignité humaine et de recherche éthique, vous êtes probablement déjà confronté aux opportunités et aux tensions que présente l'IA.

Nul besoin d'être un expert en technologie pour tirer profit de cet ouvrage. Si vous tenez à une éducation qui nourrit la personne dans sa globalité – intellect, caractère et esprit –, ce guide est fait pour vous. Que vous soyez passionné par l'innovation ou méfiant face aux ruptures, j'espère que ces chapitres vous donneront les moyens d'agir avec clarté, sagesse et détermination.

Nous nous trouvons à un carrefour culturel, où les technologies numériques et la recherche spirituelle doivent dialoguer de manières nouvelles. Puisse ce livre vous accompagner sur ce chemin commun.

Partie I
Comprendre l'intelligence artificielle

Chapitre 1
Qu'est-ce que l'IA et comment fonctionne-t-elle?

L'intelligence artificielle (IA) est rapidement passée des marges du développement technologique au cœur de l'expérience quotidienne. Autrefois domaine de la fiction spéculative ou des laboratoires de recherche spécialisés, l'IA imprègne désormais les structures de l'éducation, de la communication, de la gouvernance et des interactions sociales. Dans les établissements d'enseignement façonnés par des valeurs et des engagements spirituels – qu'ils soient ancrés dans des traditions religieuses particulières ou, plus largement, dans des pratiques de recherche de sens, de discernement et de formation –, cette évolution est porteuse de profondes implications. *L'IA n'est pas un simple outil; c'est un phénomène complexe qui transforme les pratiques et les finalités de l'apprentissage.* Elle influence notre façon d'enseigner, d'évaluer, de rechercher, et même notre façon d'imaginer l'esprit humain et sa relation à la technologie.

Pour débuter cette exploration, il est nécessaire de présenter clairement et facilement ce qu'est l'IA et son fonctionnement. Bien que le domaine de l'IA soit vaste et technique dans de nombreux domaines, une compréhension fondamentale peut permettre aux enseignants et aux responsables institutionnels de prendre des décisions éclairées, réfléchies et éthiques quant à son utilisation. Ce chapitre offre un tel aperçu, privilégiant la clarté conceptuelle plutôt que la profondeur technique.

L'intelligence artificielle désigne au sens large le développement de systèmes informatiques capables d'effectuer des tâches traditionnellement associées à l'intelligence humaine. Ces tâches comprennent le traitement du langage, l'identification de modèles, la reconnaissance d'entrées visuelles, la réalisation de prédictions basées sur des données et la résolution de problèmes. Si l'expression "intelligence artificielle" évoque des images de machines sensibles ou de robots humanoïdes, les systèmes d'IA contemporains sont dépourvus de conscience, de conscience de soi et d'intention. Ils simulent plutôt des aspects de la cognition grâce à la modélisation statistique et à la puissance de calcul. Ce sont des outils, certes extraordinairement puissants, capables d'imiter certaines formes d'apprentissage, de raisonnement et de génération de langage.

L'essor de l'apprentissage automatique est l'une des avancées les plus marquantes du paysage contemporain de l'IA. Il repose sur l'utilisation d'algorithmes permettant aux ordinateurs de détecter des tendances et d'améliorer leurs performances sur des tâches spécifiques grâce à l'exposition aux données. Plutôt que de suivre un ensemble d'instructions rigides et préprogrammées, les systèmes d'apprentissage automatique s'adaptent en fonction des informations traitées. Une forme particulière d'apprentissage automatique, appelée apprentissage profond, s'appuie sur des réseaux de neurones artificiels, vaguement inspirés de la structure du cerveau humain. Ces réseaux sont constitués de couches de nœuds interconnectés à travers lesquels les données circulent et sont transformées, permettant au système de réaliser des prédictions ou des classifications de plus en plus précises.

Le traitement automatique du langage naturel (TALN) est étroitement lié à cette évolution. Il vise à permettre aux ordinateurs de comprendre, d'interpréter et de générer le langage humain. Le TALN alimente une large gamme d'outils, allant de la traduction prédictive de texte et de langage aux agents conversationnels et aux assistants à la rédaction. Un exemple notable est le modèle de langage à grande échelle, comme la série GPT développée par OpenAI, qui permet de générer du texte cohérent et contextuellement réactif sur une grande variété de sujets. Ces modèles génératifs sont devenus particulièrement influents dans le contexte éducatif, où ils sont utilisés pour la création de contenu, l'enseignement des langues, l'aide à la rédaction et les tâches administratives.

Bien que l'IA soit souvent imaginée de manière abstraite, elle est déjà profondément ancrée dans les pratiques éducatives quotidiennes. De nombreux systèmes de gestion de l'apprentissage s'appuient sur l'IA pour personnaliser l'expérience des étudiants, automatiser la notation ou identifier les apprenants à risque. Les applications basées sur l'IA facilitent la détection du plagiat, l'aide à l'accessibilité (comme la transcription ou les outils de synthèse vocale) et la prévision administrative. Dans des contextes plus expérimentaux, les enseignants utilisent l'IA pour co-concevoir des programmes, générer des listes de lecture et même simuler des dialogues en classe. En bref, l'IA n'est pas une innovation lointaine: elle transforme déjà le paysage éducatif, parfois de manière invisible.

L'essor de l'IA dans la vie universitaire suscite à la fois enthousiasme et inquiétude. D'un côté, ces technologies offrent une efficacité sans précédent, des possibilités créatives et des pistes d'inclusion. Elles peuvent alléger la charge administrative, fournir un retour d'information en temps réel aux étudiants et favoriser l'engagement multilingue. De l'autre, l'intégration de l'IA soulève de sérieuses questions éthiques. Les inquiétudes concernant la surveillance, les biais, l'automatisation du jugement et l'érosion des interactions personnelles sont de plus en plus pressantes. Dans les environnements éducatifs à vocation spirituelle, ces préoccupations prennent encore plus d'ampleur, car elles recoupent des questions relatives à la dignité humaine, à l'action morale et au développement de la sagesse.

D'un point de vue spirituel, l'IA invite également à réfléchir à la nature humaine. Si l'intelligence peut être simulée, qu'est-ce qui distingue une compréhension authentique d'une production structurée? Quel est le rôle de l'intuition, de l'empathie et du discernement – des qualités souvent essentielles à la formation spirituelle – dans un contexte où les machines semblent "apprendre" et "réagir"? Ces questions ne sont pas seulement théoriques. Elles façonnent la manière dont les enseignants définissent les objectifs d'apprentissage, dont les institutions définissent l'intégrité et dont les communautés d'apprentissage naviguent entre innovation technologique et profondeur spirituelle.

Il est essentiel de reconnaître que les systèmes d'IA ne sont pas neutres. Ils portent l'empreinte de leurs créateurs: leurs hypothèses, leurs valeurs et leurs préjugés culturels. Les décisions algorithmiques reflètent souvent des schémas plus larges d'inégalité et d'exclusion, même lorsqu'elles sont opérées sous couvert d'objectivité. Pour les enseignants engagés dans une recherche spirituelle et éthique, cette réalité exige non seulement une connaissance technique, mais aussi une attention morale. L'IA doit être examinée non seulement pour ce qu'elle fait, mais aussi pour ce qu'elle révèle des systèmes et des sociétés qui la produisent.

Cet ouvrage part de la conviction que la réflexion spirituelle et éthique doit rester au cœur de notre approche des technologies émergentes. L'objectif n'est pas de rejeter l'IA, ni de l'adopter sans discernement, mais de cultiver une attitude d'engagement éclairé. Dans les communautés éducatives façonnées par des valeurs spirituelles – qu'elles émanent de traditions religieuses, de pratiques contemplatives ou d'engagements philosophiques en faveur de l'épanouissement humain –, les questions entourant l'IA doivent être abordées avec courage, clarté et compassion.

Dans les chapitres suivants, nous examinerons des applications spécifiques de l'IA dans l'enseignement, la recherche, la gouvernance institutionnelle et la réflexion éthique. Ce premier chapitre a cherché à poser les bases conceptuelles: définir l'intelligence artificielle, expliquer ses mécanismes fondamentaux et commencer à articuler les enjeux de son utilisation. L'IA n'est plus une option. Mais la manière dont nous choisissons de la comprendre et de la mettre en œuvre reste ouverte – et profondément déterminante. En tant qu'éducateurs attentifs à la spiritualité, nous sommes appelés non seulement à nous adapter aux nouveaux outils, mais aussi à façonner leur utilisation à la lumière des valeurs qui nous sont les plus chères.

Chapitre 2
Comment est créé un grand modèle de langage
Le développement et la formation des LLM

Si l'intelligence artificielle est un domaine vaste et en constante évolution, l'émergence du modèle de langage élargi (MLE) constitue aujourd'hui le développement le plus transformateur de l'éducation. Ces modèles, désormais intégrés aux assistants d'écriture, aux outils pédagogiques, aux systèmes d'aide à la recherche et aux agents conversationnels, transforment la manière dont les enseignants appréhendent le langage et l'information. Dans les institutions spirituellement éclairées, où la recherche intellectuelle est intimement liée à la finalité formative, comprendre comment les LLE sont créés est essentiel pour un engagement responsable.

Un modèle de langage étendu est un type d'intelligence artificielle entraîné à générer et interpréter le langage humain naturel. Il fonctionne essentiellement comme un générateur probabiliste de mots: à partir d'une invite textuelle initiale, le modèle calcule le mot (ou fragment de mot) statistiquement le plus susceptible de suivre, en se basant sur des modèles issus de vastes volumes de données d'entraînement. *La "grandeur" d'un modèle repose sur deux facteurs: d'une part, la quantité et la diversité des données textuelles qu'il traite; d'autre part, le nombre de paramètres internes – souvent des milliards – qu'il utilise pour réaliser des prédictions linguistiques.*

Le développement d'un LLM commence par la collecte d'énormes ensembles de données. Ceux-ci sont généralement constitués de textes accessibles au public, issus de livres, de sites web, d'encyclopédies, de réseaux sociaux, de forums et de ressources éducatives libres. Souvent, les données couvrent plusieurs langues, genres et disciplines, reflétant la complexité complexe de l'expression humaine. Cependant, cette ampleur présente également des risques éthiques. Étant issues d'Internet et d'autres sources publiques, les données peuvent contenir des informations biaisées, offensantes ou trompeuses. Ces limites ne sont pas simplement techniques: elles sont éthiques et épistémologiques, et elles revêtent une importance capitale pour les institutions qui fondent l'éducation sur la responsabilité spirituelle.

Une fois un jeu de données compilé, il est traité par une série d'étapes pour le préparer à l'apprentissage. Cela commence par un nettoyage: suppression des doublons, suppression du contenu inutile, correction du texte corrompu et normalisation de la ponctuation et des jeux de caractères. Le texte est ensuite segmenté, c'est-à-dire décomposé en unités plus petites que le modèle peut manipuler. Ces unités, appelées segments, sont généralement des mots entiers, des segments de sous-mots ou des symboles, selon la *conception du segment*. Par exemple, la phrase "L'esprit inspire l'apprentissage" peut être divisée comme illustré à la figure 2.1.

Figure 2.1 — Tokenisation d'un exemple de phrase
Phrase originale: "L'esprit inspire l'apprentissage."
Tokenisé: "Le", "Ġspirit", "Ġinspires", "Ġlearning", "."

Figure 2.1. La tokenisation décompose une phrase en unités compréhensibles par le modèle. Le symbole "Ġ" (un espace dans le codage par paires d'octets) indique le début des mots. Les mots moins courants peuvent être subdivisés davantage; par exemple, "inspiration" peut devenir ["Ġin", "spiration"].

Conversion de jetons en nombres

Une fois qu'une phrase a été segmentée, le modèle ne peut pas encore "comprendre" ces segments à moins qu'ils ne soient traduits en nombres. Les modèles d'apprentissage automatique traitent les données mathématiquement, et non linguistiquement. Pour combler cette lacune, chaque segment est associé à un identifiant numérique unique à l'aide d'une liste de vocabulaire prédéfinie. Ce processus est similaire à l'attribution d'un index à chaque mot ou fragment de mot dans un très grand dictionnaire. Par exemple, le segment "Le" pourrait être associé à 4321, "Ġspirit" à 9823 et "." à 7. Ce mappage crée une séquence d'entiers d'entrée pouvant être intégrée au modèle.

Cependant, un simple mappage d'entiers ne suffit pas. Le modèle doit encore comprendre les relations entre ces nombres. Pour ce faire, l'identifiant de chaque jeton est transmis à une couche d'intégration, une fonction mathématique qui convertit l'entier en un vecteur de grande dimension. Ces vecteurs sont conçus de manière à ce que les mots sémantiquement similaires soient proches les uns des autres dans l'espace vectoriel. Par exemple, les mots "apprentissage", "éducation" et "études" peuvent finir par être regroupés, même si leurs identifiants de jeton d'origine sont arbitraires. L'espace d'intégration devient une sorte de carte conceptuelle, construite à partir des corrélations statistiques des données d'apprentissage.

Grâce à cette transformation, les jetons passent du statut de chaînes de texte à celui de nombres indexés, puis à celui de vecteurs numériques. Ces vecteurs contiennent la signification statistique et contextuelle de chaque jeton, permettant au modèle de les comparer, de les pondérer et de faire des prédictions probabilistes sur ceux qui devraient suivre dans une séquence donnée.

La tokenisation et l'intégration sont des étapes fondamentales du processus d'apprentissage. Une fois terminées, ces intégrations sont transmises à l'architecture du modèle, généralement basée sur le transformateur, un réseau neuronal introduit en 2017 qui permet au modèle d'analyser simultanément différentes parties d'une phrase. Lors de l'apprentissage, le modèle reçoit une séquence d'intégrations de jetons et est chargé de prédire le jeton suivant dans cette séquence. Par exemple, avec l'entrée "L'esprit inspire", le modèle essaie de deviner que "apprentissage" est le mot suivant le plus probable. Il y parvient par des essais répétés, en ajustant progressivement les paramètres internes afin de réduire son erreur de prédiction. Ce processus d'optimisation, appelé descente de gradient, permet au modèle d'améliorer ses prédictions au fil du temps en ajustant la pondération des différentes relations entre les jetons.

Ce processus d'apprentissage est répété des milliards de fois grâce à une infrastructure informatique puissante et à de vastes ensembles de données. À l'issue de cette phase, appelée pré-apprentissage, le modèle est capable de générer un langage cohérent et contextuellement réactif sur une grande variété de sujets. Cependant, il s'agit encore d'un modèle polyvalent à ce stade, non optimisé pour l'interaction ou des tâches spécifiques.

Pour affiner ses performances et l'aligner au plus près des attentes humaines, les développeurs appliquent souvent une deuxième phase appelée "fine tuning". Cela peut impliquer un entraînement plus poussé du modèle sur des ensembles de données plus précis et spécialisés, tels que des textes universitaires, des écrits théologiques ou des publications scientifiques. Dans de nombreux cas, une méthode appelée "Reinforcement Learning from Human Feedback" (RLHF) est utilisée. Dans ce cas, des évaluateurs humains interagissent avec le modèle, classent ses résultats et le guident vers des réponses plus utiles, plus sûres ou plus adaptées au contexte. Cette étape est particulièrement importante dans l'éducation, où la nuance, le ton et la clarté sont essentiels.

Le modèle final est ensuite déployé auprès des utilisateurs via des applications telles que des chatbots, des assistants à la rédaction, des moteurs de recherche ou des outils intégrés dans des environnements d'apprentissage numériques. Bien qu'il puisse sembler "comprendre" le langage ou "connaître" son sujet, il est important de rappeler que le modèle est dépourvu de conscience, d'intention ou de conscience spirituelle. Il n'est pas un être sensible, ni doté de raisonnement moral ni d'humilité épistémique. Il répond aux sollicitations en simulant le langage sur la base de probabilités statistiques, et non par la compréhension ou la conviction.

Pour les éducateurs attentifs à la spiritualité, cette distinction est cruciale. Un LLM peut susciter une réflexion approfondie sur l'amour, la justice ou la condition humaine, mais il le fait sans sentiment, croyance ou discernement. Il peut imiter la prière ou l'argumentation théologique sans s'engager dans une quelconque forme de vie intérieure ou de responsabilité communautaire. Son génie est fonctionnel, et non spirituel.

Néanmoins, ces outils peuvent être utilisés de manière réfléchie et éthique dans le cadre universitaire. Ils peuvent favoriser la communication multilingue, accélérer les tâches administratives, contribuer à la conception des programmes et offrir de nouveaux modes d'engagement étudiant. Cependant, leur intégration doit être guidée par des valeurs spirituelles: le souci de la personne dans sa globalité, l'engagement pour la justice, le discernement de la vérité et l'humilité face au mystère.

Ce chapitre a présenté le processus de développement d'un LLM (Language Model): de la collecte massive de données à la tokenisation, en passant par l'intégration, l'apprentissage informatique et le réglage fin assisté par l'humain. Le chapitre suivant, consacré à l'utilisation actuelle de l'IA dans les établissements d'enseignement du monde entier, s'appuiera sur cette compréhension fondamentale. En démystifiant le fonctionnement des LLM, les enseignants pourront mieux évaluer comment et quand les utiliser et, tout aussi important, comment remettre en question et critiquer leurs limites au service d'objectifs éducatifs et spirituels plus profonds.

Chapitre 3
L'IA dans le monde de l'éducation et de la recherche

L'essor de l'intelligence artificielle n'est pas un événement futur, mais une réalité présente et en pleine expansion, déjà intégrée à l'infrastructure de l'enseignement supérieur. Des assistants numériques de notation et des plateformes d'apprentissage personnalisées aux outils de synthèse de recherche et aux tuteurs virtuels, l'IA a commencé à transformer la manière dont le savoir est transmis, évalué et même construit. Pour les enseignants, les chercheurs et les responsables institutionnels travaillant dans des environnements inspirés par la spiritualité, ces changements ne sont pas seulement logistiques. Ils sont philosophiques et formateurs, nous poussant à repenser notre façon d'enseigner, nos valeurs et la manière dont nous accompagnons les apprenants et les enseignants à l'ère des machines intelligentes.

Ce chapitre dresse un panorama de l'IA dans l'éducation et le savoir. Il identifie les axes d'intégration, examine les avantages et les limites des outils émergents et propose une approche spirituellement fondée de l'utilisation de l'IA en milieu universitaire.

L'entrée de l'IA à l'Académie

L'intelligence artificielle a pénétré les systèmes éducatifs par un processus progressif, largement ignoré par de nombreuses personnes en dehors des domaines des technologies éducatives et de l'informatique. Les systèmes de recommandation dans les bibliothèques numériques, les outils de détection du plagiat, les plateformes d'apprentissage adaptatif et les assistants grammaticaux comme Grammarly existent depuis des années, alimentés par les premières formes d'apprentissage automatique. Ce qui distingue la situation actuelle, ce n'est pas seulement la sophistication de ces outils, mais aussi leurs capacités génératives et interactives. Avec l'avènement des grands modèles linguistiques (LLM) tels que GPT-4, Claude et Gemini, l'IA est désormais capable de produire des dissertations originales, de répondre à des questions complexes, de noter des devoirs et d'engager une conversation soutenue. Ces modèles peuvent simuler une expertise interdisciplinaire, offrant des réponses plausibles, à la manière d'un théologien, d'un historien, d'un philosophe ou d'un scientifique.

De nombreux établissements ont adopté ces outils via des plateformes éducatives telles que Duolingo, Khan Academy et Coursera, qui intègrent désormais toutes l'IA pour offrir un enseignement et un feedback personnalisés. Certaines universités ont commencé à tester l'IA comme assistants administratifs, utilisant des chatbots pour répondre aux questions courantes, faciliter les inscriptions ou guider les étudiants dans les démarches d'aide financière. D'autres expérimentent l'IA pour soutenir l'élaboration des programmes, notamment pour les programmes en ligne ou hybrides.

Dans la recherche scientifique, l'IA est utilisée pour analyser et synthétiser de vastes volumes de littérature, identifier des tendances interdisciplinaires, suggérer des citations et même générer des versions préliminaires de textes universitaires. Bien que ces usages soient encore en évolution et inégalement adoptés, ils témoignent d'une transformation plus vaste: l'IA devient un partenaire intellectuel dans des tâches auparavant réservées à la cognition humaine.

Avantages pratiques et opportunités spirituelles

L'intégration de l'IA dans l'éducation apporte des avantages considérables, notamment en termes d'efficacité. Les outils d'IA peuvent automatiser des tâches chronophages, telles que la notation, la transcription et la mise en forme, libérant ainsi les enseignants et le personnel pour un engagement relationnel et pédagogique accru. Pour les enseignants déjà surchargés de travail administratif et pédagogique, cette automatisation peut être profondément libératrice.

L'accessibilité est un autre avantage majeur. Les outils basés sur l'IA peuvent accompagner les étudiants ayant des besoins d'apprentissage et des origines linguistiques variés. Le sous-titrage automatique, la traduction en temps réel, les tests adaptatifs et la création de contenu multimodal permettent aux établissements d'atteindre des apprenants plus diversifiés avec davantage de flexibilité et de personnalisation. En particulier dans les contextes éducatifs internationaux et interconfessionnels, cette accessibilité s'inscrit dans le droit fil des engagements spirituels en faveur de l'inclusion, de l'équité et de la dignité humaine.

L'IA ouvre également des possibilités créatives. Les professeurs peuvent générer rapidement de nouveaux supports pédagogiques, simuler des points de vue opposés lors de débats en classe ou collaborer avec les étudiants pour critiquer les synthèses ou interprétations générées par l'IA. Utilisés judicieusement, ces outils peuvent améliorer l'apprentissage actif et la pensée critique, et non les remplacer.

Pour les institutions spirituellement informées, ces opportunités soulèvent la question suivante: comment l'IA peut-elle être utilisée non seulement pour diffuser du contenu, mais aussi pour approfondir la formation? L'IA pourrait-elle contribuer à la création de pistes de réflexion, d'exercices spirituels ou de méditations multilingues? Pourrait-elle soutenir les discussions éthiques, la facilitation du dialogue ou la recherche sur les traditions spirituelles des communautés sous-représentées?

Dans cette optique, la promesse de l'IA n'est pas seulement technique. Elle peut soutenir une vision de l'éducation plus riche, plus dialogique et plus inclusive, si elle est guidée par des valeurs intentionnelles et une imagination spirituelle.

Risques, limites et abus

Outre ses avantages, l'IA comporte également des risques importants, certains de nature technique, d'autres éthiques ou spirituels.

L'une des principales préoccupations concerne les biais. Étant donné que les systèmes d'IA sont entraînés à partir de données produites par des humains, ils héritent souvent des biais, des exclusions et des préjugés inhérents à ces données. Cela peut entraîner des distorsions dans les résultats liés à l'origine ethnique, au genre, à la religion ou à la vision culturelle du monde. Pour les enseignants et les chercheurs des institutions à ancrage spirituel, l'adoption aveugle de tels outils pourrait subtilement renforcer des discours injustes ou un déséquilibre épistémologique.

Un autre risque est la désinformation. Les étudiants en master produisent des textes apparemment plausibles, mais ils ne savent pas si ce qu'ils produisent est vrai. Ils peuvent inventer des références, déformer des arguments ou inventer des détails historiques avec assurance. Pour les étudiants, surtout ceux qui ne connaissent pas bien le sujet, ces erreurs peuvent passer inaperçues. Pour les enseignants, cela signifie que toute utilisation de textes générés par l'IA doit être accompagnée d'une vérification humaine rigoureuse.

Plus généralement, il existe un danger de dépendance intellectuelle. Si les étudiants s'appuient excessivement sur l'IA pour résumer des textes, effectuer des lectures ou rédiger des travaux, ils risquent d'externaliser leurs facultés d'interprétation et de critique. Cela porte atteinte non seulement à l'intégrité académique, mais aussi à la formation plus profonde du caractère, du jugement et de la conscience réflexive, autant de caractéristiques d'une éducation fondée sur la spiritualité.

Il existe également une préoccupation plus subtile: l'érosion de la relationnalité. L'éducation, dans son meilleur état, est un échange humain, une rencontre des esprits et des cœurs. La substitution généralisée de l'IA aux retours des enseignants, à la collaboration entre pairs ou au processus contemplatif risque de fragmenter la nature holistique de l'apprentissage. Un élève peut recevoir des réponses rapides et fluides d'un tuteur IA, mais ces réponses sont dénuées d'empathie, d'intuition ou de présence spirituelle.

Vers une posture spirituellement ancrée

Comment, alors, les institutions à vocation spirituelle devraient-elles réagir? Il ne s'agit pas de rejeter catégoriquement l'IA, ni de l'accepter sans discernement. Il s'agit d'adopter une posture de discernement éclairé.

Cette posture commence par une prise de conscience: comprendre le fonctionnement des outils d'IA, d'où ils tirent leurs connaissances et quelles sont leurs limites. Les enseignants doivent être prêts à interroger la conception des systèmes qu'ils utilisent, à se demander quelles voix sont au centre, lesquelles sont ignorées, et quelles épistémologies sont encodées dans les données. Une pédagogie fondée sur la spiritualité insiste sur le fait que ce sont les moyens qui comptent, et non pas seulement les résultats.

Deuxièmement, le discernement implique des politiques. Les établissements doivent formuler des directives claires sur l'utilisation appropriée de l'IA dans l'enseignement, l'apprentissage et la recherche. Ces politiques doivent être façonnées non seulement par des préoccupations d'honnêteté académique, mais aussi par des questions de formation, de justice et de bien-être.

Enfin, une approche spirituelle explore les possibilités dans les limites. L'IA ne remplacera jamais le mentor spirituel, le guide avisé ou la communauté éclairée. Mais elle peut servir d'outil à leur service, en offrant structure, inspiration et nouvelles pistes de réflexion. Le défi consiste à l'intégrer de manière à rester fidèle aux objectifs profonds de l'éducation: la quête de la sagesse, le développement de la compassion et la transformation de l'apprenant.

Conclusion

L'intelligence artificielle est désormais un acteur actif du monde de l'éducation et de la recherche. Son influence est déjà visible: dans les flux de travail, les plateformes, les systèmes administratifs et les outils intellectuels. Pour les éducateurs attentifs à leur spiritualité, l'heure n'est ni à la panique ni à l'adoption passive. C'est l'heure d'un leadership réfléchi.

Ce chapitre a proposé un aperçu de l'utilisation de l'IA dans les milieux éducatifs, soulignant ses avantages et ses risques. Les chapitres suivants exploreront plus en détail les domaines spécifiques où l'IA peut soutenir l'enseignement, l'apprentissage et la recherche. Notre question directrice reste la même: comment cette technologie peut-elle contribuer à la formation de personnes entières dans le cadre d'une éducation spirituelle et éthique?

Partie II
L'IA en théologie
et travaux universitaires

Chapitre 4
L'IA pour la préparation des cours

Dans une éducation spirituelle, l'enseignement est compris non seulement comme un transfert d'informations, mais comme une vocation formatrice et relationnelle. Il englobe la recherche intellectuelle, le discernement éthique et le développement de la personne dans sa globalité. Si une grande attention est accordée au moment de l'enseignement, le travail de préparation – élaboration des programmes, sélection des lectures, conception des devoirs et structuration du contenu – joue un rôle tout aussi essentiel. C'est lors de cette préparation que l'éducateur médite sur le processus d'apprentissage, cherchant à cultiver au mieux la sagesse, la curiosité et l'intégrité chez les élèves.

L'intelligence artificielle, de plus en plus intégrée aux pratiques éducatives, entre désormais dans cet espace préparatoire. La question n'est pas simplement de savoir si ces outils seront utilisés, mais comment. Plus précisément, les enseignants doivent se demander si l'IA peut contribuer à améliorer, plutôt qu'à diminuer, les dimensions formatives de l'enseignement. Peut-elle servir le travail de conception sans court-circuiter le discernement? Pourrait-elle aider les enseignants à élaborer des cours réfléchis et adaptés, ancrés dans la tradition spirituelle et la rigueur éthique?

La conception d'un programme d'études est l'une des formes de travail académique les plus exigeantes intellectuellement et spirituellement. Il ne s'agit pas d'une feuille de route neutre, mais d'un document qui exprime la philosophie de l'éducation, l'orientation théologique et la mission de l'établissement. Dans les contextes où les Écritures, la réflexion théologique et les textes historiques constituent l'ossature du programme, la conception d'un programme implique souvent de trouver un équilibre entre les sources anciennes et les applications contemporaines, les préoccupations doctrinales et la sagesse pratique, et les croyances fondamentales et la recherche critique.

Les outils d'IA, en particulier les grands modèles linguistiques, peuvent aider les enseignants à ce stade précoce. À partir d'un titre de cours et d'un thème général – comme "Pardon et justice dans la tradition prophétique" – un modèle linguistique peut générer un plan de cours préliminaire, suggérer des sujets hebdomadaires et proposer des objectifs d'apprentissage. Il peut également recommander des lectures tirées de grands théologiens, de passages bibliques clés et de sources secondaires. L'enseignant dispose ainsi d'une base sur laquelle construire, réviser et personnaliser.

Des applications plus avancées impliquent d'aligner les objectifs d'apprentissage sur des évaluations appropriées. Si l'objectif visé est que les élèves "évaluent les interprétations contrastées de l'expiation dans les textes ecclésiastiques anciens", l'IA peut suggérer des comparaisons écrites, des dialogues animés par les élèves ou des études de cas en groupe basées sur des épisodes bibliques particuliers, tels que la parabole du fils prodigue ou les récits de la Passion. Les modèles linguistiques peuvent également produire des ébauches de grilles d'évaluation, identifier les difficultés potentielles et recommander des séquences de travaux pour favoriser un apprentissage structuré tout au long du semestre.

Au-delà des cours individuels, l'IA peut contribuer à la cartographie des programmes. Un enseignant révisant un cours sur l'éthique du Nouveau Testament pourrait saisir une série de programmes et demander au modèle d'identifier les chevauchements, la sous-représentation de certains thèmes (par exemple, la pauvreté, le genre, l'eschatologie) ou les possibilités d'intégration avec d'autres disciplines, comme la théologie historique ou la pastorale. Une telle assistance peut être particulièrement précieuse pour les nouveaux enseignants ou pour les établissements engagés dans une révision complète des programmes.

Malgré ces possibilités, il est essentiel de souligner qu'un programme n'est pas un artefact mécanique. C'est l'expression d'une identité pédagogique. Dans de nombreux établissements d'enseignement spirituel, il est élaboré à la lumière de l'identité communautaire, de la vocation institutionnelle et d'une anthropologie théologique qui considère les étudiants comme porteurs d'une image et d'un potentiel divins. L'IA ne peut saisir cette profondeur. Ses suggestions doivent être interprétées, retravaillées et filtrées à travers le discernement, la tradition et la vision de l'éducateur quant à ce qui constitue un apprentissage formatif.

Outre les programmes, les enseignants doivent souvent préparer des supports de cours: plans, présentations, polycopiés et explorations thématiques. Dans ce contexte, les outils d'IA peuvent apporter inspiration et structure. Par exemple, un enseignant préparant une séance sur le Sermon sur la Montagne pourrait demander à un système d'IA de générer un aperçu des Béatitudes, d'établir des comparaisons avec des enseignements parallèles de la littérature prophétique ou de suggérer des applications modernes en lien avec la justice, la non-violence et la miséricorde.

L'IA peut également aider à adapter le matériel à différents niveaux de complexité. Un passage comme Romains 5 pourrait être résumé pour les étudiants de première année de licence, développé pour des cours d'exégèse avancés ou traduit en sujets de discussion pour les apprenants adultes engagés dans une formation spirituelle.

De plus, l'IA peut faciliter l'identification des principales tensions théologiques ou des difficultés d'interprétation. Lors d'un cours sur le jugement divin et la miséricorde, par exemple, l'IA pourrait fournir des exemples d'objections, d'interprétations erronées ou d'analogies contemporaines que l'enseignant pourrait souhaiter aborder. Elle pourrait également suggérer des contrepoints scripturaires ou doctrinaux, par exemple en comparant le récit du déluge dans la Genèse aux promesses d'alliance d'Isaïe, ou en explorant la manière dont les thèmes de la justice rétributive et réparatrice se manifestent dans les différents testaments.

Ces outils doivent néanmoins être manipulés avec prudence. Les modèles linguistiques méconnaissent la gravité et le caractère sacré des matériaux qu'ils traitent. Ils peuvent confondre les figures, déformer les doctrines ou s'appuyer sur des sources subtilement mais significativement déformées. Ils peuvent, par exemple, confondre les représentations johannique et synoptique de Jésus sans tenir compte de l'intention théologique, ou traiter la littérature apocalyptique comme purement symbolique sans aborder ses dimensions historiques et eschatologiques. Il incombe à l'éducateur de corriger ces erreurs, de préserver la richesse et l'intégrité de la tradition enseignée et de veiller à ce que l'utilisation de l'IA ne réduise pas la profondeur spirituelle à de simples données.

L'IA peut également être utilisée pour créer des devoirs, des pistes de réflexion et des exercices en classe. Par exemple, un enseignant enseignant la théologie paulinienne pourrait demander à l'IA de générer des études de cas illustrant des dilemmes éthiques concrets abordés dans la première épître aux Corinthiens. Un cours sur la justice biblique pourrait également s'appuyer sur des scénarios générés par l'IA invitant les étudiants à comparer les exigences éthiques de la Loi avec celles des enseignements de Jésus. Dans un cours d'homilétique, l'IA pourrait générer des plans de sermons contrastés sur un même passage, encourageant ainsi les étudiants à évaluer la cohérence théologique, la fidélité exégétique et l'efficacité rhétorique.

Bien utilisées, ces applications favorisent l'engagement et la créativité. Mais sans surveillance, elles risquent de banaliser le contenu sacré ou de renforcer les préjugés culturels et théologiques. Une question sur le discipulat, par exemple, pourrait donner lieu à des contenus mettant l'accent sur des thèmes individualistes plutôt que sur des thèmes communautaires, ou ne reflétant qu'un seul courant d'interprétation théologique. Le rôle de l'enseignant est là encore central: non pas externaliser la pédagogie, mais l'approfondir et la contextualiser grâce à un usage critique de l'IA.

L'une des utilisations les plus pratiques de l'IA en phase préparatoire réside dans le soutien multilingue et multimodal. Pour les établissements accueillant une population étudiante diversifiée, l'IA peut traduire les supports de cours, résumer des lectures complexes ou produire des versions audio de cours magistraux. Ces fonctionnalités peuvent rendre les cours plus accessibles, réduire la charge cognitive et favoriser une pédagogie inclusive. Par exemple, un étudiant lisant Matthieu 25 dans une langue seconde pourrait bénéficier d'un glossaire généré par l'IA, d'un aperçu historique des paraboles eschatologiques ou d'une chronologie visuelle des thèmes connexes. L'IA peut ainsi étendre l'hospitalité de la classe à ceux dont l'engagement pourrait autrement être limité par la langue ou le format.

Cependant, l'enseignement spirituel ne repose pas uniquement sur la clarté. Il repose aussi sur la profondeur, la nuance et la résonance. Les outils de traduction peuvent mal utiliser le vocabulaire doctrinal ou négliger le registre émotionnel des lamentations et des louanges. Des résumés simplifiés peuvent ne pas transmettre la force rhétorique de la littérature prophétique ou épistolaire. L'éducateur doit donc veiller non seulement à l'accessibilité, mais aussi à la fidélité, en veillant à ce que ce qui est partagé conserve sa capacité à interpeller, à convaincre et à transformer.

En fin de compte, l'utilisation de l'IA dans la préparation des cours invite à un engagement renouvelé envers le discernement. Ces technologies ne remplacent pas les enseignants, mais sont des outils qui nécessitent un accompagnement. Leur valeur ne réside pas dans leurs capacités, mais dans la manière dont elles sont utilisées. La préparation d'un cours demeure un acte profondément humain et spirituel. Elle implique une réflexion priante, une attention culturelle, des compétences pédagogiques et une imagination théologique. Dans cette optique, l'IA peut servir non pas de substitut, mais de soutien: une ressource pour susciter de nouvelles réflexions, élargir son champ d'action et libérer du temps pour le travail que seul l'enseignant peut accomplir.

L'intelligence artificielle peut contribuer à de nombreux aspects de la préparation des cours, de la conception des programmes et de l'élaboration des cours à la création des devoirs et à l'accessibilité linguistique. Mais son utilisation doit être façonnée par l'engagement de l'enseignant envers une pédagogie réfléchie et spirituelle. La préparation n'est pas une simple tâche technique. C'est une forme de soin apporté à l'environnement d'apprentissage, une façon de mettre la table pour que la sagesse puisse être rencontrée. Bien utilisée, l'IA peut contribuer à mieux mettre la table, mais elle ne peut pas servir le repas.

Le chapitre suivant passera de la préparation à la pratique, explorant comment l'IA peut s'intégrer dans la dynamique active de l'enseignement et de l'apprentissage. Là encore, le défi sera de préserver l'intégrité de la relation éducative et la profondeur de la formation, tout en faisant place à l'assistance technologique.

Chapitre 5
L'IA dans l'enseignement et l'apprentissage

L'acte d'enseigner ne se réduit jamais à la transmission d'un contenu. C'est une rencontre relationnelle façonnée par une recherche partagée, un dialogue formateur et le développement du caractère moral et intellectuel. Dans des contextes où l'objectif de l'éducation dépasse l'acquisition de connaissances pour inclure le discernement spirituel et le développement éthique, la classe devient un espace non seulement de cognition, mais aussi de transformation. Dans ce contexte, l'émergence de l'intelligence artificielle dans le contexte réel de l'enseignement et de l'apprentissage soulève de profondes questions: comment les enseignants peuvent-ils utiliser l'IA sans altérer la dynamique humaine essentielle de l'enseignement? Quels types d'apprentissage l'IA favorise-t-elle ou entrave-t-elle? Et de quelle manière, si elle est bien dirigée, pourrait-elle servir les objectifs profonds de la formation?

L'intelligence artificielle s'invite désormais en classe sous de multiples formes. Les modèles linguistiques intégrés aux chatbots fournissent aux étudiants des explications instantanées sur des concepts complexes. Les plateformes d'apprentissage adaptatif ajustent le contenu en temps réel en fonction des performances des étudiants. Les simulations générées par l'IA proposent des études de cas immersives ou des reconstitutions historiques. Même dans les contextes traditionnels, les étudiants peuvent utiliser des outils d'IA en dehors des cours pour compléter leurs lectures, générer des notes d'étude ou rédiger des réflexions. Ces évolutions transforment l'expérience d'apprentissage en temps réel.

Parmi les utilisations les plus répandues de l'IA dans l'enseignement figure sa fonction de tutorat ou de partenaire de dialogue. Les élèves peuvent poser des questions à un modèle sur un passage biblique, un débat doctrinal ou un personnage historique et recevoir une réponse relativement cohérente. Un élève lisant les premiers chapitres de la Genèse pourrait s'interroger sur les différentes interprétations des récits de la création et recevoir un résumé distinguant les lectures littérales, poétiques et théologiques. De même, un élève préparant un devoir sur la conception de la grâce selon Augustin pourrait recevoir une synthèse des thèmes clés des *Confessions* et *de De la nature et de la grâce*, ainsi que des suggestions pour approfondir ses recherches. Pour les élèves timides, incertains ou novices en langage théologique, cet accès peut leur donner confiance et leur donner un élan. Il peut permettre une sorte de répétition exploratoire avant d'aborder l'espace plus collectif et responsable de la discussion en classe.

Cette disponibilité de dialogues réactifs permet également une plus grande flexibilité. Dans les cours asynchrones ou hybrides, les outils d'IA peuvent servir de tuteurs supplémentaires, offrant des clarifications ou reformulant des sujets complexes. Par exemple, un étudiant qui peine à saisir les nuances de l'argumentation de Paul dans l'épître aux Romains pourrait demander à une IA de simplifier le raisonnement des chapitres 5 à 8. En retour, le modèle pourrait proposer une analyse étape par étape du contraste entre la mort d'Adam et la vie du Messie, ou entre la loi et la grâce, à l'aide de métaphores et d'exemples adaptés au contexte de l'apprenant.

Cependant, si ces interactions peuvent favoriser la compréhension, elles risquent aussi de substituer la fluidité mécanique à la profondeur contemplative. Les modèles linguistiques génèrent des textes basés sur des probabilités, et non sur la conviction ou la compréhension. Ils ne connaissent pas les textes qu'ils interprètent. Ils ne prient pas les psaumes et ne se penchent pas sur les Béatitudes. Ils peuvent simuler une conversation théologique, mais ne peuvent y participer. Dans une éducation spirituellement formée, où la formation n'est pas seulement intellectuelle mais aussi dispositionnelle, ces distinctions ne sont pas facultatives. Elles sont essentielles.

De plus, les enseignants doivent être attentifs à la forme de l'apprentissage encouragé par l'IA. Conçus pour produire des réponses fluides et assurées, les systèmes d'IA peuvent favoriser un mode d'investigation privilégiant la rapidité à la patience et la clarté à la complexité. En matière de foi, de doctrine et d'histoire, de telles tendances sont dangereuses. Par exemple, lorsqu'on interroge l'IA sur la nature de l'expiation, elle peut présenter la substitution pénale comme une interprétation singulière ou dominante, sans tenir compte d'autres points de vue tels que l'influence morale ou le *Christus Victor*. De même, une question sur le livre de l'Apocalypse peut donner lieu à une chronologie eschatologique, mais omettre des lectures pastorales, liturgiques ou anti-impériales essentielles à une compréhension plus approfondie. La tâche de l'enseignant est donc de modéliser et d'exiger un engagement plus critique, qui reconnaisse la partialité du contenu généré par l'IA et renvoie les élèves à des sources, des traditions et des conversations qui dépassent les résultats du modèle.

On s'inquiète également de la manière dont l'IA pourrait façonner la dynamique sociale en classe.

Lorsque les élèves s'habituent à recevoir des réponses instantanées et apparemment autoritaires de systèmes non humains, leur disposition à l'investigation collective peut évoluer. La nature dialogique de l'apprentissage – le dialogue de l'interprétation, l'humilité de l'écoute, le discernement qui émerge du silence partagé – peut être affaiblie. C'est particulièrement vrai lorsque l'interaction avec les textes sacrés est médiatisée par des outils dépourvus de posture spirituelle, de révérence, de communauté et de mémoire. Le danger n'est pas seulement la distraction, mais la déformation: la substitution progressive d'une compréhension superficielle à une transformation intérieure.

Pourtant, l'IA peut également servir à enrichir le dialogue lorsqu'elle est employée intentionnellement. Les enseignants pourraient utiliser des supports générés par l'IA comme point de départ d'une réponse critique. Un professeur pourrait demander aux étudiants d'évaluer l'interprétation de la parabole du Bon Samaritain par un modèle, en leur demandant d'identifier les omissions théologiques, les présupposés culturels ou les stratégies rhétoriques. Dans un autre contexte, les étudiants pourraient comparer les résumés des principaux conciles générés par l'IA avec les textes conciliaires originaux, en notant ce qui est préservé, déformé ou élidé. De tels exercices peuvent développer l'esprit critique et approfondir le respect de la complexité du discours théologique et historique.

L'IA peut également faciliter l'apprentissage collaboratif. En groupe, les étudiants peuvent utiliser l'IA pour générer des points de vue contrastés sur un passage – comme l'ordre de tendre l'autre joue dans le Sermon sur la Montagne – puis discuter des implications éthiques et pratiques de chaque lecture. Dans les cours de prédication, les étudiants peuvent évaluer les plans homilétiques générés par l'IA et les réécrire à la lumière des besoins et des convictions spirituelles de leur communauté. Utilisée de cette manière, l'IA devient un repoussoir plutôt qu'une autorité: un outil pour aiguiser la conscience, et non pour dicter le sens.

L'une des dimensions les plus prometteuses de l'IA en classe est sa capacité à favoriser un apprentissage différencié. Tous les élèves n'arrivent pas avec le même bagage en Écriture, en doctrine ou en théologie historique. Certains peuvent être issus de traditions imprégnées de vie liturgique; d'autres de contextes plus spontanés ou rationalistes; d'autres encore d'expériences marquées par le silence, le traumatisme ou l'exclusion. L'IA peut offrir un soutien personnalisé en reformulant le contenu, en fournissant un contexte ou en suggérant des lectures complémentaires adaptées aux connaissances préalables de l'apprenant. Un élève peu familier avec le problème synoptique, par exemple, peut utiliser l'IA pour apprendre les bases de la critique des sources avant de se lancer dans l'analyse des Évangiles en classe. Un autre élève, confronté pour la première fois à la règle de Benoît XVI, pourrait inciter l'IA à en expliquer la logique spirituelle en termes contemporains.

Néanmoins, la personnalisation ne doit pas devenir un isolement. L'apprentissage spirituel repose sur la communauté. Il implique d'être vu, entendu et mis au défi. La tâche de l'enseignant est d'accompagner les élèves dans l'incertitude, de témoigner des difficultés, de favoriser une croissance souvent invisible pour eux-mêmes. Aucune IA ne peut remplir ces fonctions. Aucun modèle ne peut offrir un accompagnement pastoral, répondre aux larmes ou prononcer une parole de sagesse au bon moment. Telles sont les tâches de l'éducateur, non pas parce qu'elles sont plus émotionnelles ou humaines, mais parce qu'elles sont relationnelles, fondées sur l'engagement et réceptives à la présence vivante d'autrui.

Le rôle de l'éducateur n'est donc pas éclipsé par l'IA. Il est clarifié. Les enseignants doivent cultiver une présence plus réfléchie, faire preuve d'humilité et faire preuve de plus de courage pour répondre aux questions qui n'appellent pas de réponses immédiates. Ils doivent aider les élèves à considérer la technologie non pas comme une source de sagesse, mais comme un outil à tester et à interpréter. Ce faisant, ils aident les apprenants à développer non seulement leurs compétences intellectuelles, mais aussi leur maturité spirituelle.

L'intelligence artificielle continuera de façonner le paysage de l'enseignement et de l'apprentissage. Elle deviendra plus intégrée, plus invisible, plus persuasive. Pour les enseignants travaillant dans des traditions ancrées dans les Écritures, la prière et le discernement communautaire, ce contexte exige une clarté d'objectif. La salle de classe n'est pas un lieu de compétition avec la technologie. C'est un lieu de formation: réfléchie, attentive et sage. Utilisée avec prudence, l'IA peut soutenir ce travail. Mais elle ne pourra jamais le définir.

Le chapitre suivant explorera comment l'IA peut contribuer à la recherche universitaire, notamment en matière de revue de littérature, de traduction, d'outils bibliographiques et d'analyse de données. Comme pour l'enseignement, la préoccupation principale restera la même: comment utiliser ces technologies de manière à honorer les objectifs intellectuels et spirituels de l'éducation.

Chapitre 6
L'IA pour la recherche universitaire

La recherche universitaire est une dimension essentielle d'une éducation spirituellement éclairée. Elle soutient la profondeur intellectuelle de l'enseignement, favorise le développement de la réflexion théologique et éthique et préserve la sagesse de la tradition pour les générations futures. Dans les institutions façonnées par l'engagement scriptural, la conscience historique et la recherche doctrinale, la recherche n'est pas pratiquée comme un exercice abstrait, mais comme une vocation, ancrée dans la conviction que la recherche de la vérité, lorsqu'elle est bien orientée, est une forme de dévotion.

L'émergence de l'intelligence artificielle dans le processus de recherche représente une transformation majeure dans la conception et la conduite du travail scientifique. Les grands modèles linguistiques et les outils d'IA associés offrent désormais de nouvelles capacités de recherche, d'organisation, de synthèse, de traduction et même de génération de contenu scientifique. Ces capacités peuvent soutenir et accélérer le processus de recherche, en particulier pour les chercheurs travaillant sous contraintes de temps, dans des contextes de ressources limitées ou au-delà de frontières linguistiques et disciplinaires multiples. Cependant, elles soulèvent également des questions cruciales concernant la fiabilité, la paternité, l'intégrité épistémique et la préservation de la rigueur contemplative dans la recherche théologique.

Ce chapitre explore l'utilisation de l'IA dans la recherche universitaire au sein d'environnements spirituellement en phase. Il examine les possibilités offertes par l'IA pour la revue de littérature, l'exploration bibliographique, la synthèse, la traduction et l'analyse de données, tout en soulignant les discernements nécessaires pour garantir que ces outils servent, plutôt que de déformer, les objectifs d'une recherche fondée sur la tradition, la sagesse et la responsabilité morale.

L'une des applications les plus immédiates de l'IA en recherche est la réalisation de revues de littérature. Lorsque des chercheurs commencent à écrire sur un sujet – comme la justice divine dans la tradition prophétique, la théologie du corps dans les lettres pauliniennes ou le développement de la spiritualité monastique dans l'Antiquité tardive – ils doivent d'abord cartographier le paysage scientifique existant. Cela implique d'identifier les textes clés, de retracer les trajectoires interprétatives et de discerner les lacunes ou les tensions dans le domaine. Les outils d'IA peuvent faciliter ce processus en générant des synthèses, en localisant les citations et en regroupant les thèmes interdisciplinaires. Par exemple, lorsqu'on lui pose une question sur l'interprétation du Psaume 22 dans les sources patristiques et médiévales, un modèle d'IA peut fournir des résumés des premières traditions de commentaire, noter les variations d'accent christologique et indiquer la littérature secondaire pertinente.

Ces outils peuvent s'avérer particulièrement utiles dans les recherches interdisciplinaires ou interculturelles, où la méconnaissance d'un domaine ou d'une région parallèle peut constituer un obstacle. Un chercheur étudiant les réponses ecclésiales à la pauvreté pourrait utiliser l'IA pour retracer l'interprétation des thèmes économiques des Actes dans la théologie de la libération latino-américaine, l'homilétique nord-africaine et le monachisme syriaque primitif. L'IA peut faire émerger des pistes qui, autrement, resteraient enfouies dans des notes de bas de page, des articles non traduits ou des revues sous-indexées.

Cependant, les outils de revue de littérature pilotés par l'IA présentent également des limites. Étant donné que les modèles linguistiques génèrent du texte à partir de modèles issus de leurs données d'entraînement, ils peuvent inventer des citations, confondre les interprétations ou omettre des voix marginales. Par exemple, lorsqu'on leur demande des sources sur le rôle des femmes dans le leadership de l'Église primitive, un modèle d'IA peut reproduire les perspectives eurocentriques dominantes tout en ignorant les sources non occidentales ou non canoniques. De plus, la fluidité apparente des résumés générés par l'IA peut masquer le fait qu'ils ne reposent pas sur un jugement critique, mais sur une prédiction algorithmique. Cela crée le risque que les chercheurs, en particulier ceux qui débutent sur un sujet, confondent commodité et compréhension.

Pour atténuer ce risque, *les outils d'IA doivent être considérés comme des aides heuristiques plutôt que comme des autorités définitives.* La tâche du chercheur demeure une tâche de vérification, d'évaluation et d'interprétation. L'IA peut contribuer à l'étendue des connaissances, mais la profondeur exige discernement humain, sensibilité contextuelle et attention spirituelle. En particulier dans la recherche théologique, où les nuances et la tradition sont primordiales, les synthèses de l'IA doivent être testées à l'aune d'une lecture attentive, d'une communauté vécue et d'un engagement dialogique.

L'organisation bibliographique est un autre domaine où l'IA peut aider la recherche. Il existe désormais des applications permettant d'analyser un corpus de documents, d'en extraire les références, de les classer par thème ou par période, et de générer des bibliographies annotées ou des listes de lecture. Pour les chercheurs rédigeant des thèses, des chapitres d'ouvrages ou des demandes de subvention, cette fonctionnalité peut faire gagner un temps précieux et aider à identifier les liens négligés. Par exemple, un chercheur préparant un projet sur l'ascétisme et l'incarnation dans l'Antiquité tardive pourrait utiliser l'IA pour générer une liste comparative de textes primaires (par exemple, *La Vie d'Antoine, Les Dictons des Pères du désert*), ainsi que des commentaires modernes, des analyses théologiques et des critiques anthropologiques.

Cette capacité peut être étendue grâce à des outils de gestion des citations intégrant désormais des fonctionnalités d'IA. Ces outils peuvent suggérer des corrections de formatage, détecter les incohérences ou recommander des sources supplémentaires à partir des citations existantes. Utilisés avec prudence, ces outils peuvent favoriser la clarté et l'exhaustivité. Cependant, là encore, ils nécessitent une supervision. L'IA ne peut déterminer le poids théologique d'une citation ni discerner la portée pastorale d'une note de bas de page. Seul le chercheur, appartenant à une communauté intellectuelle et spirituelle spécifique, peut le faire.

La traduction est un autre domaine où l'IA est très prometteuse. La recherche multilingue est souvent limitée par les barrières linguistiques, notamment lorsqu'elle utilise des sources en grec, en latin, en syriaque ou dans des langues modernes autres que l'anglais. Les outils de traduction basés sur l'IA peuvent proposer des ébauches de traductions de textes théologiques, de documents ecclésiastiques ou de documents historiques, permettant ainsi un accès initial là où il n'y en aurait pas autrement. Un chercheur étudiant la théologie nord-africaine ancienne, par exemple, pourrait utiliser l'IA pour traduire des sermons d'Augustin ou de Cyprien non traduits, ou pour accéder à des travaux universitaires contemporains en français ou en portugais.

Cependant, la traduction théologique ne se résume pas à une simple substitution de mots. Elle exige une sensibilité au ton spirituel, une précision doctrinale et une résonance culturelle. Le terme "logos", par exemple, ne peut être traduit simplement par "mot" sans tenir compte de ses implications philosophiques et théologiques dans la littérature johannique et le développement des premiers credo. De même, les expressions idiomatiques de lamentation, de louange ou de mystère, présentes dans les textes scripturaires ou la poésie spirituelle, résistent souvent à une traduction littérale ou mécanique. Les traductions par IA, bien qu'utiles comme point de départ, doivent être vérifiées à la lumière des traductions savantes, des outils lexicaux et des connaissances contextuelles existants.

L'IA peut également faciliter l'analyse de données dans le cadre de projets de recherche impliquant des modèles, des statistiques ou des corpus textuels. Par exemple, un chercheur analysant les schémas rhétoriques des épîtres de Paul pourrait utiliser l'IA pour suivre la fréquence de certaines exhortations éthiques dans différentes lettres, ou pour visualiser le fonctionnement des métaphores de la lumière et des ténèbres dans la littérature sapientielle. Les projets d'humanités numériques s'appuient de plus en plus sur ces outils pour coder des thèmes, cartographier des réseaux et détecter les évolutions du langage théologique à travers le temps et l'espace.

Dans certains contextes, l'IA a également été utilisée pour faciliter la comparaison de manuscrits, identifier des variantes de lecture, des interpolations stylistiques ou des tendances copistes dans de vastes ensembles de données textuelles. Ces outils peuvent enrichir le domaine de la critique textuelle, notamment lorsqu'ils sont associés à une formation philologique traditionnelle. Néanmoins, l'interprétation de ces modèles reste une tâche humaine, façonnée par l'imagination théologique, la connaissance historique et l'humilité du chercheur.

À travers toutes ces applications, un principe constant se dégage: l'IA peut enrichir la recherche lorsqu'elle s'inscrit dans un cadre plus large de recherche critique et spirituelle. Elle ne peut remplacer la lecture attentive, le dialogue communautaire, la réflexion spirituelle ou l'intuition théologique. En effet, sa rapidité et son ampleur peuvent inciter les chercheurs à tirer des conclusions prématurées, réduisant le travail d'interprétation à l'agrégation de sources. Dans les traditions qui privilégient la sagesse à l'information, la formation à l'accumulation, il s'agit d'une tentation à laquelle il faut résister.

La recherche ne se limite pas à produire du savoir. Elle consiste aussi à préserver les traditions, à remettre en question les hypothèses et à contribuer à la vie morale et spirituelle des communautés. Le chercheur, dans cette perspective, n'est pas un générateur de contenu, mais un serviteur de la compréhension, chargé de concilier mystère et sens, passé et présent, contemplation et critique. L'IA peut contribuer à cette tâche, mais elle ne doit jamais la définir.

Ce chapitre a exploré les usages et les limites de l'IA dans la recherche universitaire: comment elle peut soutenir les revues de littérature, les bibliographies, la traduction et l'analyse, et comment elle doit être intégrée avec soin et discernement. Le chapitre suivant examinera l'impact de l'IA sur l'évaluation des travaux des étudiants et comment les institutions et les enseignants pourraient évaluer l'apprentissage de manière à préserver l'intégrité académique et la formation spirituelle à l'ère des machines intelligentes.

Chapitre 7
Évaluer les étudiants à l'ère de l'IA

L'évaluation est un élément central du processus éducatif. Elle mesure non seulement l'apprentissage, mais le façonne également. Ce que les enseignants choisissent d'évaluer, et la manière dont ils l'évaluent, révèle leur compréhension de ce qui compte en classe et au-delà. Dans les institutions spirituellement éclairées, l'évaluation n'est pas simplement un moyen de classer ou de certifier les étudiants; elle s'inscrit dans un engagement plus large en faveur de la formation. Évaluer le travail des étudiants implique de prêter attention au développement de la sagesse, du caractère et de la compréhension, et pas seulement à la maîtrise du contenu.

L'arrivée de l'intelligence artificielle dans le paysage académique a complexifié l'évaluation. Les étudiants ont désormais accès à des outils permettant de rédiger des dissertations, de résumer des textes, de résoudre des problèmes et de simuler des analyses scientifiques. Ces outils, bien que potentiellement utiles à l'étude et à la synthèse, soulèvent également des questions quant à la paternité, à l'intégrité et à la formation de la vertu intellectuelle. Les enseignants doivent désormais se demander si un travail étudiant reflète un engagement réel et comment évaluer l'apprentissage dans un contexte où l'assistance artificielle est souvent invisible, et parfois indissociable de l'effort humain.

Ce chapitre explore les implications de l'IA pour l'évaluation des étudiants. Il aborde des questions à la fois pratiques et philosophiques: comment les enseignants peuvent-ils garantir l'équité et l'exactitude des notes? Comment les institutions peuvent-elles promouvoir l'intégrité sans recourir à la surveillance ou à la suspicion? Et comment les pratiques d'évaluation pourraient-elles être repensées pour privilégier le discernement, la réflexion et la transformation, plutôt que la reproduction de l'information?

L'une des préoccupations les plus pressantes liées à l'IA et à l'évaluation des étudiants est le risque de plagiat ou d'assistance non autorisée. Les modèles linguistiques permettent désormais de générer des dissertations complètes sur des sujets tels que la théologie de la souffrance chez Job, l'éthique de la richesse dans l'Évangile de Luc ou la signification de l'amour sacrificiel chez Paul. Ces dissertations paraissent souvent cohérentes, bien structurées et stylistiquement appropriées. Elles peuvent même inclure des notes de bas de page et des références, certaines réelles, d'autres inventées. Pour les enseignants qui lisent des dizaines de travaux, la présence de tels éléments peut être difficile à détecter.

Divers outils logiciels prétendent désormais détecter le contenu généré par l'IA en analysant les schémas de vocabulaire, la structure des phrases et les probabilités. Cependant, ces outils ne sont pas totalement fiables. Ils peuvent produire des faux positifs, mal identifier les styles d'écriture des élèves ou être contournés par des logiciels de paraphrase. De plus, le recours à des logiciels de détection peut créer une dynamique conflictuelle entre les élèves et les enseignants, sapant ainsi le climat de confiance et de respect essentiel à un apprentissage fondé sur la spiritualité.

Face à ces défis, de nombreux enseignants repensent la nature et la finalité de l'évaluation. Plutôt que de s'appuyer principalement sur des dissertations traditionnelles à emporter ou des questionnaires en ligne – formats les plus propices à l'aide de l'IA –, ils se tournent vers des travaux qui exigent réflexion personnelle, interprétation contextuelle et engagement dialogique. Par exemple, au lieu de demander aux étudiants de résumer la théologie de la croix dans 1 Corinthiens, un professeur pourrait les inviter à réfléchir à la manière dont le message de faiblesse et de puissance de Paul s'adresse aux formes contemporaines de ministère, d'injustice ou de réconciliation. Les réponses qui intègrent l'expérience vécue, les discussions en classe et le contexte communautaire sont plus difficiles à générer artificiellement et plus susceptibles de refléter un apprentissage authentique.

De même, les examens oraux, les exercices d'écriture en classe, les projets collaboratifs et les présentations créatives offrent des possibilités d'évaluation en temps réel de la compréhension des élèves. Ces formats invitent les élèves à s'exprimer, à répondre aux questions complémentaires et à démontrer l'intégration des connaissances et de l'interprétation. Une discussion en classe sur Matthieu 25, par exemple, pourrait demander aux élèves de comparer la parabole des brebis et des boucs avec des expressions locales d'hospitalité ou de service communautaire, favorisant ainsi à la fois la compréhension biblique et l'imagination éthique.

Les rubriques peuvent également être ajustées pour récompenser l'originalité, la profondeur de la réflexion et l'utilisation des sources primaires. Au lieu de critères purement analytiques, les enseignants pourraient privilégier les nuances interprétatives, la cohérence théologique ou l'application pratique. Un cours d'homilétique pourrait évaluer non seulement la structure d'un sermon, mais aussi sa capacité à refléter une préparation priante, sa pertinence contextuelle et sa sensibilité pastorale. Un cours sur les premiers conciles pourrait demander aux étudiants d'écrire une lettre pastorale fictive inspirée d'un personnage historique, articulant les implications de la christologie nicéenne pour les questions contemporaines d'identité et de souffrance.

Outre la refonte des devoirs, les établissements doivent cultiver une culture d'intégrité qui transcende les règles et les sanctions. Les étudiants devraient être invités à discuter de l'importance de l'honnêteté, non seulement parce que la tromperie conduit à des notes injustes, mais aussi parce qu'elle compromet le processus même de formation. Lorsque les étudiants présentent des idées qui ne sont pas les leurs, ils perdent l'occasion de se confronter, de se questionner et de grandir. Ils court-circuitent le lent processus de compréhension et, avec lui, l'humilité spirituelle qui naît de la reconnaissance de ses limites et de la recherche de la vérité en communauté.

Il est préférable de mener de telles conversations non pas comme des interventions disciplinaires, mais dans le cadre du parcours pédagogique lui-même. Les enseignants pourraient commencer un semestre en discutant de la valeur du travail original, de l'utilisation appropriée des outils technologiques et des disciplines spirituelles que sont la lecture, l'écriture et l'engagement critique. Les politiques de cours doivent être transparentes, raisonnables et formulées non pas comme des contraintes, mais comme des invitations à l'intégrité.

Au niveau institutionnel, les codes de conduite et les déclarations d'intégrité académique devraient être revus à la lumière des nouvelles technologies. Plutôt que de se concentrer uniquement sur l'interdiction, ces documents pourraient formuler des engagements communs en faveur de la véracité, de la responsabilité et de l'épanouissement d'autrui. Une déclaration sur l'intégrité académique pourrait affirmer que la quête du savoir est aussi une pratique spirituelle, exigeant attention, patience et soin. Les politiques peuvent également clarifier les attentes concernant l'utilisation de l'IA: quand elle est autorisée, comment elle doit être citée et quelles formes d'assistance constituent une fausse déclaration.

Il est important que les enseignants soient des modèles des pratiques qu'ils cherchent à cultiver. Lorsque les enseignants utilisent des outils d'IA dans leur propre travail – pour la révision, la synthèse ou l'organisation – ils peuvent partager ce processus avec les étudiants et leur montrer comment les utiliser de manière éthique et transparente. Ils peuvent également prendre conscience de leurs propres questions et incertitudes, favorisant ainsi une philosophie commune d'exploration plutôt que de contrôle.

Certains enseignants pourraient craindre que la généralisation de l'IA rende l'apprentissage profond impossible. Mais une telle conclusion est prématurée. Si l'IA peut simuler certaines formes de savoir, elle ne peut reproduire la sagesse, le discernement ou la transformation. Tels sont les objectifs profonds de l'éducation dans les institutions spirituellement éclairées. Lorsque l'évaluation ne se concentre pas uniquement sur les bonnes réponses, mais sur un processus réfléchi – sur la capacité d'écouter, d'interpréter et de répondre avec attention – elle crée un espace pour un véritable apprentissage. L'IA peut influencer la forme d'évaluation, mais elle ne doit pas en détourner la finalité.

Le défi consiste donc à concevoir des devoirs et des évaluations non seulement difficiles à automatiser, mais aussi utiles. Ce sont des tâches qui mobilisent la personne dans sa globalité: exercices d'imagination théologique, réflexion éthique, dialogue communautaire et application de la foi à la vie. Dans un cours sur la prière, par exemple, un devoir final pourrait demander aux étudiants de rédiger et d'annoter une règle de vie personnelle fondée sur des sources bibliques et historiques. Dans un séminaire sur l'Église primitive, les étudiants pourraient être invités à concevoir un programme de catéchèse pour une communauté de foi moderne, en s'appuyant sur des textes anciens et des défis contemporains. De tels devoirs résistent au plagiat non pas par la surveillance, mais en invitant à l'authenticité.

L'évaluation, dans le meilleur des cas, n'est pas punitive, mais formative. Elle ne cherche pas à prendre les élèves en défaut, mais à les accompagner dans leur développement. Dans un monde où les machines peuvent générer des textes, ce qui prend le plus de valeur est la voix inimitable – celle façonnée par l'étude, la prière, le dialogue et la conviction. Les enseignants ont la responsabilité de nourrir cette voix, et l'évaluation reste l'un des moyens de l'entendre, de la tester et de l'affiner.

Le chapitre suivant étendra la réflexion à un champ institutionnel et éthique plus large. Il s'interrogera sur la manière dont les écoles, les départements et les facultés peuvent aborder l'IA de manière stratégique et responsable: en élaborant des politiques, en favorisant le développement du corps professoral et en se préparant à un avenir où discernement et imagination seront plus que jamais nécessaires.

Partie III
Considérations éthiques, théologiques et institutionnelles

Chapitre 8
L'IA et le droit d'auteur
Formation, propriété et limites de l'expression

L'intégration rapide de l'intelligence artificielle dans le paysage académique et créatif a soulevé de sérieuses questions de propriété intellectuelle, notamment en matière de paternité, d'originalité et de réutilisation de contenus existants. À mesure que les systèmes d'IA s'intègrent de plus en plus à la recherche, à l'édition et à l'enseignement théologiques, les institutions sont contraintes de se confronter aux cadres juridiques et éthiques qui déterminent l'utilisation de ces technologies. Au cœur de cette discussion se trouvent deux principes juridiques qui, pris ensemble, contribuent à définir les limites d'un développement licite et responsable de l'IA: la doctrine de l'utilisation transformatrice et la règle fondamentale selon laquelle les idées elles-mêmes ne peuvent être protégées par le droit d'auteur.

Au cœur du débat juridique actuel se trouve la question de savoir si l'entraînement de modèles d'IA sur des documents protégés par le droit d'auteur constitue une contrefaçon. Les grands modèles de langage (MLL), tels que ceux qui alimentent les systèmes conversationnels avancés, sont entraînés sur d'importants corpus de textes – comprenant des livres, des articles universitaires, des sites web et des ressources théologiques – dont beaucoup sont protégés par le droit d'auteur. Les développeurs de ces systèmes affirment que le processus d'entraînement est fondamentalement transformateur. L'IA ne stocke ni ne reproduit les textes mot pour mot; elle utilise plutôt les schémas et les structures présents dans ces textes pour générer des résultats nouveaux et imprévisibles. Dans cette optique, l'entraînement ne consiste pas à copier, mais à apprendre, ni à exploiter, mais à synthétiser.

Le concept d'utilisation transformatrice est au cœur de cette défense. En droit d'auteur américain, l'usage équitable autorise certaines utilisations non autorisées d'œuvres protégées par le droit d'auteur lorsque la nouvelle utilisation ajoute une expression, une signification ou un objectif nouveaux. Les tribunaux ont historiquement reconnu l'utilisation transformatrice dans des contextes tels que la parodie, le commentaire et l'indexation des moteurs de recherche. Les développeurs d'IA soutiennent que l'entraînement constitue une transformation similaire. Le texte original pouvait avoir pour objet un enseignement doctrinal ou un commentaire historique, tandis que l'entraînement visait à permettre un raisonnement linguistique général sur un éventail de sujets. La fonction, l'intention et l'impact sont différents.

Reste à savoir si cet argument prévaudra. De nombreuses poursuites sont en cours aux États-Unis et ailleurs, intentées par des auteurs, des artistes visuels, des organes de presse et des développeurs de logiciels qui affirment que les entreprises d'IA ont construit des outils commerciaux grâce au travail bénévole de créateurs humains. Certains critiques affirment que les systèmes d'IA sont désormais capables de produire des résultats qui concurrencent directement les œuvres dont ils ont tiré leur apprentissage, ce qui soulève des questions quant au caractère véritablement transformateur ou simplement dérivé de cette utilisation. Les tribunaux devront à terme déterminer si l'apprentissage des modèles d'IA transforme suffisamment les matériaux sous-jacents pour justifier une exonération de responsabilité. Ces affaires définiront probablement les contours juridiques futurs du développement de l'IA et de l'usage équitable.

Le droit de l'Union européenne, en revanche, est plus structuré dans ses limites. En vertu de la directive européenne de 2019 sur le droit d'auteur, certaines formes de fouille de textes et de données sont autorisées à des fins de recherche et d'innovation, mais les titulaires de droits peuvent s'y opposer en refusant explicitement leur consentement pour ces utilisations. Cela a entraîné une pression croissante sur les développeurs d'IA pour qu'ils maintiennent la transparence concernant les données utilisées dans la formation et demandent des licences ou des autorisations si nécessaire. Si une telle réglementation peut protéger les créateurs, elle soulève également des inquiétudes quant à la restriction de l'accès à des contenus éducatifs généraux – une question particulièrement pertinente en théologie, où de nombreuses idées fondamentales sont séculaires et culturellement omniprésentes.

Outre la question des données d'entraînement, un deuxième enjeu crucial concerne la propriété et le droit d'auteur des résultats générés par l'IA. Qui, le cas échéant, est propriétaire du texte produit par une IA à la demande d'un utilisateur? Ce type de contenu peut-il être protégé par le droit d'auteur ou est-il intrinsèquement exclu du champ de protection juridique?

Selon la législation actuelle de la plupart des juridictions, le droit d'auteur ne s'applique qu'aux œuvres d'auteur. Les productions générées par l'IA sans intervention humaine significative ne sont pas protégées. Le Bureau américain du droit d'auteur, par exemple, a clairement indiqué que les œuvres entièrement créées par des systèmes d'IA ne peuvent être enregistrées comme propriété protégée par le droit d'auteur. Cependant, lorsque des utilisateurs humains dirigent, modifient ou remodèlent les productions de manière substantielle, il peut y avoir lieu d'attribuer une partie ou la totalité du droit d'auteur. La frontière entre travail assisté et travail d'auteur reste floue, et les établissements devront établir leurs propres politiques d'évaluation et de divulgation de l'implication de l'IA dans les publications, les travaux et les supports pédagogiques.

Ces questions conduisent naturellement à un domaine connexe et souvent mal compris du droit d'auteur: la distinction entre idées et expressions. L'un des principes fondamentaux de la propriété intellectuelle est que les idées ne sont pas protégées par le droit d'auteur. Seule la manière spécifique dont une idée est exprimée – par le texte, la structure, le style ou la forme – est susceptible d'être protégée juridiquement. Cette doctrine préserve le libre échange des connaissances et garantit qu'aucune personne ni aucun groupe ne peut revendiquer de droits exclusifs sur des concepts théologiques, des revendications historiques ou des cadres éthiques. C'est la formulation, et non l'idée elle-même, qui est protégée.

Cette distinction est cruciale dans le contexte de l'IA. Lors de leur apprentissage, les modèles d'IA assimilent les schémas d'association, la syntaxe et le sens de vastes quantités de texte. Mais ils ne mémorisent ni ne reproduisent (sauf cas rares et imprévus) des formulations spécifiques. Ils développent plutôt une compréhension probabiliste des relations entre les mots, basée sur l'observation de leur usage. Ainsi, lorsqu'un modèle génère un paragraphe sur la providence divine, il ne récupère pas une citation stockée de Thomas d'Aquin ou de Karl Barth; il génère une nouvelle formulation d'une idée ancienne. Puisque les idées ne peuvent être protégées par le droit d'auteur et que le résultat généré n'est pas une copie d'une expression protégée, la réclamation pour contrefaçon devient plus difficile à soutenir, à condition que le modèle évite toute paraphrase trop précise ou toute reproduction anonyme.

Ce cadre rassure les enseignants et les chercheurs qui s'appuient sur des outils d'IA pour soutenir leur réflexion, leur rédaction ou leur enseignement. Le fait que l'IA ait été entraînée sur des ouvrages théologiques protégés par le droit d'auteur ne rend pas, en soi, son utilisation illégale, notamment lorsque l'utilisateur génère de nouveaux contenus, apporte une réflexion originale et les applique dans un contexte éducatif ou scientifique. Cependant, la prudence est de mise. Il est préférable d'éviter d'utiliser l'IA pour résumer ou réécrire des articles protégés par le droit d'auteur dans leur intégralité, surtout sans mention de la source. En cas de doute, citez vos sources, mentionnez l'implication de l'IA et examinez attentivement les résultats afin de détecter toute reproduction involontaire.

En fin de compte, l'effet combiné de la doctrine de l'usage transformateur et de la dichotomie idée/expression est d'affirmer que l'IA peut jouer un rôle légal, éthique et créatif dans la quête du savoir, en particulier lorsque ce rôle est conçu comme collaboratif plutôt que substitutif. Les enseignants et les institutions théologiques ne devraient pas craindre l'IA, ni lui déléguer leur autorité intellectuelle. Ils devraient plutôt l'utiliser comme un outil qui stimule la curiosité, améliore la précision et ouvre de nouvelles perspectives de recherche et de communication.

À mesure que les lois évoluent et que les décisions de justice commencent à clarifier les limites de l'usage équitable et de la propriété, il sera important pour les chercheurs de rester attentifs aux évolutions juridiques et à la réflexion éthique. L'IA n'est pas simplement un problème juridique; c'est un défi pédagogique et moral. La manière dont nous l'utilisons reflète nos valeurs en matière d'apprentissage, de paternité et de vérité.

Pour l'éducation théologique en particulier, où la transmission et la transformation de la tradition sont centrales, la question n'est pas simplement de savoir ce que l'IA peut faire, mais comment elle peut être utilisée d'une manière qui honore la vocation de l'enseignant, la dignité de l'apprenant et l'intégrité de l'entreprise théologique.

Chapitre 9
Intégrité académique et tricherie étudiante

L'intégrité est au cœur de toute éducation significative. Sans elle, la confiance s'érode entre les élèves et les enseignants, entre les institutions et les communautés, et finalement entre les apprenants et les vérités qu'ils recherchent. Dans les contextes éducatifs fondés sur la spiritualité, l'exigence d'intégrité n'est pas seulement académique, mais morale. Elle reflète une vision de l'éducation où la vérité est recherchée non pas comme une simple information, mais comme une réalité vécue. La présence de l'intelligence artificielle dans la vie universitaire remet cette vision en question de manière nouvelle et urgente. Alors que les outils d'IA deviennent de plus en plus capables de produire des dissertations, d'analyser des textes et de répondre à des questions avec une fluidité remarquable, les frontières entre apprentissage authentique et assistance artificielle sont devenues plus difficiles à discerner.

Ce chapitre aborde la question de l'intégrité académique à l'ère de l'IA. Il examine comment les établissements et les enseignants pourraient répondre au risque croissant d'utilisation abusive des outils d'IA par les étudiants, non seulement en appliquant des règles, mais aussi en cultivant la conscience éthique et la responsabilité collective. L'enjeu n'est pas seulement de prévenir la tricherie, mais de favoriser des environnements où l'honnêteté, l'humilité intellectuelle et la quête de sagesse sont considérées comme essentielles au développement spirituel et intellectuel de chacun.

Quelle que soit la génération, les étudiants ont été tentés de prendre des raccourcis dans leurs travaux universitaires. Ces tentations ne sont pas nouvelles, mais les outils désormais disponibles facilitent grandement la fabrication de compétences. Un étudiant qui peine à rédiger une dissertation sur la miséricorde divine dans la littérature prophétique peut, en quelques secondes, demander à un modèle linguistique de générer une argumentation cohérente, riche en citations bibliques. Un autre étudiant, hésitant sur la manière de formuler une réponse à une lecture théologique difficile, peut demander à une IA de résumer et d'évaluer le texte, puis de faire passer sa réponse pour la sienne. De telles pratiques sont de plus en plus difficiles à détecter, surtout lorsque les étudiants revoient stratégiquement le texte ou utilisent des outils de paraphrase pour en masquer l'origine.

Le problème le plus profond, cependant, n'est pas seulement la détection. C'est la déformation. Lorsque les étudiants ont l'habitude d'externaliser leur réflexion, ils affaiblissent les muscles mêmes sur lesquels reposent la formation spirituelle et académique: la patience, l'attention, l'interprétation et le discernement. Les pratiques qui développent la perspicacité et le caractère – se débattre avec un passage difficile, formuler une question de manière imparfaite, apprendre de ses échecs – sont délaissées au profit d'une performance soignée mais creuse. À terme, cela porte atteinte non seulement à la qualité de l'éducation, mais aussi à l'intégrité de la personne.

De nombreux établissements cherchent désormais à réagir par le biais de politiques, en actualisant leurs directives d'intégrité académique pour aborder directement les outils d'IA. Certains interdisent l'utilisation de l'IA générative, sauf autorisation explicite. D'autres exigent des étudiants qu'ils citent l'aide de l'IA comme ils le feraient pour d'autres sources. D'autres encore expérimentent de nouvelles formes de collaboration et de soutien, reconnaissant que l'IA peut, dans certains cas, constituer une aide légitime à l'apprentissage lorsqu'elle est utilisée de manière transparente.

Cependant, les politiques à elles seules ne suffisent pas. Elles doivent s'appuyer sur une culture d'intégrité – une compréhension partagée que l'honnêteté ne consiste pas simplement à éviter la punition, mais à honorer le processus éducatif lui-même. Dans les institutions ancrées dans la spiritualité, cette culture devrait être façonnée par des traditions de formation morale, de responsabilité collective et de réflexion vocationnelle. Les prophètes hébreux condamnaient la tromperie non seulement comme une violation de la loi, mais aussi comme une rupture d'alliance. Les Évangiles placent la vérité au cœur du discipulat, même lorsqu'elle entraîne un coût personnel. Les premières traditions monastiques mettaient l'accent sur l'intégrité en pensée et en parole, signe d'un cœur sans partage. Ces sources ne proposent pas de politiques administratives, mais elles offrent un horizon moral dans lequel les politiques pourraient prendre forme.

Les enseignants jouent un rôle essentiel dans le développement de cette culture. Ils peuvent faire preuve d'intégrité en discutant de leurs propres pratiques d'étude et de recherche: comment ils utilisent les outils d'IA, comment ils citent leurs sources et comment ils accordent une place à la réflexion dans leur vie intellectuelle. Ils peuvent présenter les devoirs non seulement comme des tâches à accomplir, mais aussi comme des occasions pour les étudiants de découvrir quelque chose d'important. Un professeur qui donne un devoir sur la nature de l'espérance dans les lettres de Paul pourrait commencer par demander aux étudiants comment ils ont rencontré l'espérance dans leur propre vie, les invitant à voir le lien entre exégèse et réflexion existentielle. Ainsi, le devoir devient non seulement un obstacle académique, mais un exercice formateur.

Les discussions sur l'intégrité devraient également être intégrées au rythme du cours. Plutôt que de lancer un avertissement le premier jour et de n'y revenir qu'en cas de problème, les enseignants peuvent revenir régulièrement sur les questions d'auteur, de voix et de responsabilité. En discutant *des Confessions d'Augustin,* par exemple, on pourrait explorer non seulement ses réflexions théologiques, mais aussi son honnêteté littéraire – la façon dont il nomme ses difficultés, confesse ses échecs et recherche la vérité avec vulnérabilité. En enseignant les Psaumes, on pourrait réfléchir avec les étudiants à l'importance de l'authenticité dans la lamentation et la louange, et à la nécessité d'une authenticité identique dans l'expression académique comme spirituelle.

Les devoirs peuvent également être conçus pour favoriser l'intégrité. Les sujets qui nécessitent une réflexion personnelle, une application contextuelle ou un dialogue sont plus résistants aux abus. Au lieu de demander une dissertation générale sur l'image de Dieu, un enseignant pourrait demander aux étudiants de comparer cette doctrine à leur expérience de la vie en communauté, à leur compréhension de la justice ou à leur engagement dans l'actualité. Le travail de groupe, les présentations orales et les projets créatifs peuvent offrir des pistes supplémentaires pour démontrer les apprentissages de manière difficile à simuler et plus facile à affirmer.

Au niveau institutionnel, les bureaux d'intégrité académique, les services de la vie étudiante et les aumôneries peuvent collaborer pour répondre aux questions morales plus vastes soulevées par l'IA. Des ateliers sur la recherche éthique, des tables rondes sur la technologie et la formation, ou des séminaires sur la vocation à l'ère numérique peuvent tous contribuer à une compréhension commune que l'intégrité n'est pas un fardeau individuel, mais une tâche collective. L'objectif n'est pas de surveiller, mais de guider, ni de punir, mais de former.

Il est également important de reconnaître que la tentation d'utiliser l'IA à mauvais escient est souvent le symptôme de difficultés plus profondes: pression temporelle, anxiété scolaire, syndrome de l'imposteur ou fatigue spirituelle. Dans ce contexte, les réponses punitives à la malhonnêteté académique peuvent ne pas être suffisantes. Les établissements doivent tenir compte des conditions dans lesquelles les étudiants prennent ces décisions et leur offrir un soutien adapté. Les structures d'accompagnement, les ressources en santé mentale, les relations de mentorat et l'accompagnement spirituel contribuent tous à créer un environnement où les étudiants se sentent capables de faire leur propre travail et de s'épanouir.

À l'ère de l'IA, l'intégrité académique ne peut être préservée uniquement par la suspicion ou les logiciels. Elle doit être nourrie par la confiance, des relations constructives et un engagement commun envers la vérité. Les enseignants et les institutions ont l'opportunité non seulement de relever les défis de la tricherie, mais aussi de retrouver une vision plus riche de l'éducation, où l'apprentissage est compris comme un cheminement de formation, et où les outils que nous utilisons sont toujours subordonnés au type de personne que nous devenons.

Au chapitre suivant, nous passons des pratiques individuelles à la stratégie institutionnelle. La question est désormais: comment les écoles peuvent-elles se préparer structurellement, pédagogiquement et spirituellement à un avenir où l'IA sera omniprésente?

Quelles politiques, ressources et formations seront nécessaires pour préparer les enseignants et les étudiants à un engagement judicieux et fidèle?

Chapitre 10
Réflexions théologiques et éthiques sur l'IA

L'avènement de l'intelligence artificielle dans l'éducation, la recherche et la vie quotidienne exige plus qu'un simple ajustement pragmatique. Il exige une réflexion théologique et éthique. Que signifie créer des machines qui imitent l'intelligence humaine, produisent un discours qui sonne comme de la sagesse ou imitent des formes de présence autrefois réservées aux personnes? Quelles sont les limites d'une telle imitation? Et que révèle l'utilisation de l'IA sur nos propres désirs, nos peurs et notre vision de l'être humain?

Dans les traditions spirituelles, les questions liées à la technologie ne se limitent jamais à son utilité. Elles concernent également l'anthropologie, l'éthique et la structure morale de la communauté. La technologie n'est pas neutre; elle reflète les valeurs de ses créateurs, les pratiques de ses utilisateurs et les structures de pouvoir dans lesquelles elle s'inscrit. Ce chapitre vise à mobiliser des ressources théologiques pour l'évaluation éthique de l'intelligence artificielle, non pas en proposant un verdict définitif, mais en identifiant des cadres de discernement permanent.

Au cœur de toute analyse théologique de l'IA doit se trouver la question de la personne humaine. Si les systèmes d'IA peuvent générer du texte, composer de la musique, traduire des langues et engager des conversations, qu'est-ce qui distingue l'intelligence humaine de la réplication artificielle? La réponse ne réside pas dans la rapidité ou la sophistication, mais dans la profondeur relationnelle et spirituelle. Les êtres humains ne sont pas de simples processeurs de données. Ce sont des créatures nées de relations, capables d'amour, d'introspection, de vulnérabilité et de communion. Dans la vision biblique, les humains ne se définissent pas uniquement par leurs capacités mentales, mais par leur vocation à gérer la création, à rechercher la sagesse et à vivre en alliance avec les autres et avec Dieu.

Cette vision résiste au romantisme et à la réduction. Elle n'exige pas que les humains soient infaillibles ou omniscients, mais elle insiste sur le fait qu'ils sont plus que la somme de leurs productions. L'intelligence, dans cette optique, ne se résume pas à des réponses correctes ou à un traitement efficace. Elle est façonnée par la mémoire morale, le désir spirituel et la capacité de transformation. Ce sont *des qualités que l'IA ne possède pas. Les modèles linguistiques peuvent être formés sur des textes sacrés, mais ils ne croient pas, n'adorent pas, ne se lamentent pas et ne se réjouissent pas. Ils ne peuvent pas prier. Ils ne peuvent pas discerner le mouvement de l'Esprit ni répondre à la souffrance avec une compassion ancrée dans l'histoire et l'espoir. Leur éloquence est impressionnante, mais elle est dénuée de présence.*

Cette distinction a des implications éthiques. L'un des dangers de l'utilisation de l'IA réside non seulement dans le fait qu'elle puisse tromper les autres, mais aussi dans le fait qu'elle puisse nous tromper nous-mêmes, nous amenant à traiter les machines comme des agents, ou à oublier les dimensions spirituelles et relationnelles de l'action humaine. Lorsque l'IA est utilisée pour rédiger des lettres pastorales, générer des prières ou simuler un débat éthique, nous risquons de confondre performance linguistique et responsabilité morale. Une bénédiction bien formulée, générée par une machine, peut paraître émouvante, mais elle n'est pas née de l'amour. Le plan d'un sermon peut être structurellement solide, mais il est dépourvu d'autorité spirituelle. Il n'est pas issu du jeûne, de l'intercession ou de la vie communautaire.

De plus, l'IA n'est pas seulement un miroir de la pensée humaine, mais un produit de la culture humaine, façonnée par les hypothèses, les exclusions et les biais des données sur lesquelles elle est entraînée. Les modèles linguistiques reproduisent les récits dominants, marginalisent les voix des minorités et reflètent les inégalités des sociétés qui les produisent. Pour les éducateurs engagés en faveur de la justice, de l'équité et de la réconciliation, cela représente un défi de taille. Il faut se demander: quelles perspectives sont amplifiées? Quelles histoires sont ignorées? Comment résister à l'aplatissement de la complexité morale au profit de la commodité algorithmique?

L'éthique théologique peut ici apporter une orientation. La tradition prophétique, par exemple, attire l'attention sur la façon dont le pouvoir déforme la perception et la parole. Les prophètes ne se contentent pas de proclamer la vérité; ils dévoilent des mensonges masqués par un langage pieux. Ils dénoncent des systèmes apparemment justes, mais fondés sur l'exploitation. Dans cet esprit, les enseignants et les chercheurs doivent se demander si les systèmes d'IA, aussi impressionnants soient-ils, servent ou sapent la dignité des pauvres, des marginalisés et des sans-voix. Ces outils remettent-ils en cause l'injustice ou renforcent-ils les hiérarchies existantes en matière de savoir, de langage et d'accès?

L'éthique de l'IA recoupe également les questions de formation. Si ces outils façonnent notre apprentissage, quel type d'apprenants produisent-ils? Les étudiants sont-ils formés à la curiosité, à la patience et au dialogue, ou à l'efficacité, à l'imitation et au désengagement? Les enseignants sont-ils encouragés à encadrer, à modéliser et à accompagner, ou à déléguer la formation aux machines? Ces questions ne se limitent pas à la technologie. Elles concernent le type de personnes et de communautés que nous cherchons à former.

Une autre préoccupation pertinente est la tentation du messianisme technologique – la croyance que l'IA peut résoudre les problèmes humains une fois pour toutes. Cette tentation n'est pas nouvelle. Tout au long de l'histoire, les humains se sont tournés vers des idoles de leur propre création en quête de certitude, de contrôle et de délivrance. Que ce soit dans les veaux d'or ou sur grand écran, le désir de pouvoir sans vulnérabilité reste puissant. À l'ère du numérique, l'IA peut devenir une idole de plus: une source de savoir sans responsabilité, une présence sans relation, ou un pouvoir sans sagesse.

Une vision théologique résiste à cette tentation en affirmant la finitude comme un don. Les limites humaines ne sont pas des défauts à surmonter, mais des conditions d'humilité, de dépendance et de communauté. La technologie, bien orchestrée, peut étendre les capacités humaines. Mais lorsqu'elle cherche à remplacer la vulnérabilité par l'invincibilité, ou l'incarnation par la simulation, elle déforme le tissu même de la vie morale et spirituelle. La sagesse ne commence pas par la maîtrise, mais par le respect – par la reconnaissance que la connaissance doit être guidée par l'amour et que la vérité doit s'incarner dans une vie de justice et de paix.

Cela ne signifie pas qu'il faille rejeter l'IA en bloc. Au contraire, les outils de grande puissance exigent une gestion rigoureuse. Dans les paraboles, les serviteurs sont loués non pas pour avoir enfoui leurs talents, mais pour les avoir investis de discernement et de courage. Il en va de même pour les dons technologiques. Il s'agit de les utiliser de manière à s'aligner sur des engagements plus profonds: former les étudiants, servir les communautés, soutenir l'apprentissage et approfondir la vie spirituelle. L'IA peut contribuer à ces objectifs, mais elle ne peut les définir.

Pour déterminer comment utiliser l'IA, les enseignants et les institutions doivent donc revenir à des questions fondamentales: quelles sont nos convictions quant à la dignité, à la finalité et au destin humains? Quel type de connaissance mène à la sagesse? Quel type d'enseignement favorise la transformation? Et quel type de monde préparons-nous les étudiants à vivre, à façonner et à servir?

La réflexion théologique et éthique sur l'IA n'en est qu'à ses débuts et nécessitera la participation de nombreuses traditions, disciplines et cultures. Mais elle doit commencer dès maintenant, non seulement en théorie, mais aussi en pratique: dans les salles de classe, les politiques, les devoirs et les échanges. Pour ceux qui considèrent l'éducation comme une mission sacrée, l'émergence de l'IA n'est pas une distraction. C'est une invitation: à se questionner à nouveau sur ce que signifie enseigner, apprendre et rechercher la vérité dans un monde où les machines parlent, mais où seuls les humains sont appelés à aimer.

Dans le prochain chapitre, nous explorerons comment les institutions peuvent réagir au niveau structurel: développer une stratégie, former le corps enseignant, élaborer des politiques et cultiver un leadership capable de guider les communautés à travers les promesses et les dangers de l'intelligence artificielle.

Chapitre 11
Stratégie institutionnelle et développement du corps professoral

L'émergence de l'intelligence artificielle dans l'enseignement supérieur n'est pas une tendance passagère. Elle représente une transformation structurelle qui façonnera la pédagogie, la recherche, l'évaluation et l'administration pour les années à venir. Si les professeurs et les étudiants décident déjà individuellement comment utiliser ou non ces outils, l'impact à long terme de l'IA dépendra en grande partie de la manière dont les établissements réagiront: comment ils s'organiseront, formeront, soutiendront et se gouverneront dans un contexte de mutations technologiques rapides.

Pour les institutions ancrées dans des traditions spirituelles et morales, cette réponse doit être plus que tactique. Elle doit être théologique, éthique et formative. Comment les écoles peuvent-elles préparer leurs enseignants et leurs communautés à utiliser l'IA à bon escient? Comment peuvent-elles élaborer des politiques à la fois claires et bienveillantes, visionnaires et réalistes? Que signifie pour une école la gestion des nouvelles technologies à la lumière de sa mission: non seulement éduquer les esprits, mais aussi former les cœurs, cultiver les vertus et servir le bien commun?

Ce chapitre explore les dimensions stratégiques et développementales de l'engagement institutionnel envers l'IA. Il se concentre sur trois domaines clés: le développement du corps professoral, les politiques et la gouvernance, et la culture institutionnelle. Ensemble, ces dimensions constituent le fondement d'une fidélité et d'une flexibilité à long terme dans un monde de plus en plus façonné par les machines intelligentes.

Les enseignants sont au cœur de tout établissement d'enseignement. Leurs décisions – quelles tâches assigner, comment enseigner, quand autoriser ou interdire l'utilisation de l'IA – façonnent l'expérience étudiante bien plus que n'importe quel document de politique. *Pourtant, de nombreux enseignants, même ceux qui ont une solide expérience en pédagogie ou en recherche, se sentent mal préparés aux questions éthiques et pratiques que pose l'IA.* Ils peuvent ne pas comprendre le fonctionnement de la technologie, se méfier de ses biais ou ne pas savoir comment en parler aux étudiants. D'autres peuvent être impatients d'expérimenter, mais hésiter à le faire sans compromettre l'intégrité ou la profondeur.

Dans ce contexte, le développement du corps professoral devient essentiel. Les établissements doivent offrir aux enseignants des opportunités d'apprentissage de l'IA d'une manière à la fois techniquement précise et spirituellement fondée. Ateliers, groupes de lecture et communautés d'apprentissage pour les enseignants peuvent offrir des espaces pour explorer le fonctionnement des outils d'IA, leurs applications pédagogiques et leurs dangers. Ces programmes devraient inclure non seulement des démonstrations d'outils émergents, mais aussi une réflexion théologique et éthique sur leur impact sur la vocation d'enseignant.

Les enseignants devraient être dotés non seulement d'informations, mais aussi de cadres de discernement. Ils devraient être encouragés à se demander: cette technologie favorise-t-elle le type d'apprentissage que je souhaite cultiver? Favorise-t-elle le développement de la sagesse, de l'intégrité et de la compassion chez les étudiants? Est-elle conforme à la mission de l'établissement et à l'esprit de la tradition dans laquelle nous enseignons? Une formation intégrant la culture technique à la réflexion morale sera bien plus fructueuse que des approches qui considèrent l'IA comme un simple gadget ou un défi administratif.

La politique est un autre domaine essentiel de la stratégie institutionnelle. Les établissements doivent élaborer des directives claires et accessibles sur l'utilisation appropriée de l'IA dans le travail académique. Ces politiques doivent préciser quand et comment les étudiants peuvent utiliser les outils d'IA, comment cette utilisation doit être citée ou reconnue, et ce qui constitue une utilisation abusive ou malhonnête. Les politiques doivent également reconnaître la complexité de l'utilisation de l'IA, par exemple en distinguant l'utilisation de l'IA pour la correction grammaticale de base de celle pour la production de dissertations complètes. Les interdictions générales peuvent être faciles à rédiger, mais difficiles à appliquer, et elles peuvent empêcher un engagement réfléchi avec des outils qui, utilisés à bon escient, pourraient améliorer l'apprentissage.

Une bonne politique inclut également un accompagnement proactif. Les établissements peuvent élaborer des pages de ressources, des modèles de langage pour les devoirs et des propositions de programmes qui clarifient les attentes sans crainte ni ambiguïté. Les enseignants ne devraient pas avoir à inventer ces ressources de toutes pièces. On ne devrait pas non plus leur demander de surveiller l'utilisation de l'IA de manière isolée. *Une réponse institutionnelle coordonnée – entre les affaires académiques, la vie étudiante, les bibliothèques et l'informatique – est essentielle.*

De plus, la politique doit être formulée non seulement en termes juridiques ou punitifs, mais aussi en termes qui reflètent la mission institutionnelle. Une politique fondée sur une vision de formation, d'hospitalité, de véracité et de responsabilité partagée aura un impact plus profond qu'une politique formulée uniquement en termes de conformité. Un tel langage puise aux mêmes sources qui inspirent l'enseignement et le culte: l'appel à vivre honnêtement, l'impératif d'aimer son prochain avec intégrité et la conviction que l'apprentissage est un devoir sacré.

Au-delà de la formation des professeurs et des politiques officielles, les établissements doivent tenir compte de la culture plus large dans laquelle la technologie est discutée, déployée et appréhendée. Les discussions sur l'IA se limitent-elles aux comités techniques ou aux services informatiques, ou font-elles partie des réunions de professeurs, des discussions en chapelle et de la planification stratégique? Les étudiants sont-ils invités à réfléchir à la manière dont l'IA façonne leurs habitudes d'apprentissage, leur compréhension de soi, leur vie de prière ou leur imagination morale? Le personnel et les administrateurs sont-ils soutenus dans leur réflexion sur l'impact de ces outils sur l'orientation, le mentorat et les services aux étudiants?

Une culture institutionnelle spirituellement éclairée ne traitera pas l'IA comme un outil neutre. Elle ne réagira pas non plus avec panique ou passivité. Elle abordera plutôt ce moment comme une occasion de discernement collectif. Les établissements scolaires pourraient organiser des forums communautaires sur la technologie et les vocations, inviter des intervenants pour remettre en question les idées reçues, ou inviter les enseignants et les étudiants à partager leurs réussites et leurs difficultés dans l'utilisation de l'IA. De telles conversations favorisent un climat propice aux questions et au partage de la sagesse.

Dans ce type de culture, *l'expérimentation est encouragée, mais la responsabilité est préservée.* Les enseignants pourraient être invités à piloter des travaux intégrant l'IA, avec une réflexion structurée et des retours des étudiants. Les services d'évaluation pourraient explorer l'impact de l'IA sur les résultats et l'engagement. Les aumôneries ou les services de vie spirituelle pourraient organiser des discussions théologiques sur l'apprentissage automatique, la personnalité humaine et la justice numérique. L'objectif n'est pas l'uniformité, mais la cohérence: un engagement diversifié mais partagé à utiliser la technologie de manière à favoriser l'épanouissement des étudiants et des communautés.

Le leadership joue un rôle déterminant dans la définition de cette posture institutionnelle. Les présidents, les prévôts, les doyens et les directeurs de département doivent non seulement approuver les politiques, mais aussi incarner une vision. Ils doivent être prêts à s'exprimer publiquement sur les défis éthiques posés par l'IA, à investir dans le développement professionnel et à faire preuve de l'humilité et de la curiosité qui caractérisent une communauté d'apprentissage. Ils doivent également reconnaître que l'IA n'aura pas seulement un impact sur l'enseignement et l'apprentissage, mais aussi sur la collecte de fonds, les admissions, la communication stratégique et la planification à long terme. Le leadership doit être à la fois global et concret.

Enfin, les établissements doivent envisager le long terme. L'IA n'est pas une technologie isolée, mais un domaine en constante évolution. De nouveaux modèles émergeront, le paysage réglementaire évoluera et les attentes des étudiants évolueront. Les établissements doivent mettre en place des processus d'évaluation continue, des groupes de travail interdisciplinaires pour l'innovation et l'éthique, et des partenariats avec d'autres établissements confrontés à des questions similaires. Ils doivent investir dans la recherche, soutenir les études publiques sur l'IA et la théologie, et construire une mémoire institutionnelle capable de guider les générations futures.

Les traditions spirituelles qui sous-tendent nombre de ces institutions offrent des ressources pour une telle réflexion soutenue. Elles nous rappellent que la sagesse prend du temps, que le discernement est une tâche collective et que nos outils doivent toujours servir nos valeurs les plus profondes, et non l'inverse. *L'avenir de l'enseignement théologique à l'ère de l'IA ne dépendra pas seulement de nos connaissances, mais aussi de la manière dont nous choisissons d'agir – avec intégrité, imagination et espoir.*

Le chapitre suivant aborde cet avenir plus directement. Que signifierait repenser une éducation ancrée dans la spiritualité à la lumière de ces technologies émergentes? Comment l'IA pourrait-elle susciter, et non pas simplement menacer, de nouvelles formes de formation, de collaboration et de connexion mondiale?

Chapitre 12
Réimaginer l'éducation avec l'IA

L'intelligence artificielle a souvent été présentée comme une menace pour l'éducation, comme une force qui remplacera les enseignants, érodera l'intégrité et réduira l'apprentissage à une efficacité mécanique. Ces inquiétudes ne sont pas dénuées de fondement. Pourtant, elles ne constituent qu'une partie de l'équation. *Le défi plus profond – et l'opportunité – ne consiste pas simplement à gérer l'IA, mais à imaginer avec elle.* Pour les institutions façonnées par des traditions de sagesse, de formation spirituelle et de recherche morale, la tâche n'est pas de se conformer aux changements technologiques, mais de les intégrer. *Cela exige une vision: non pas un contrôle réactif, mais un discernement créatif.*

Ce chapitre examine comment l'intelligence artificielle pourrait inviter à repenser l'éducation elle-même: ses pratiques, ses structures, ses finalités et sa portée mondiale. Il ne nie pas les risques posés par l'IA. Il s'interroge plutôt sur les possibilités offertes par l'automatisation et l'augmentation au service de la transformation. Et si l'IA n'était pas un substitut à l'éducation, mais un accompagnement de ses objectifs les plus profonds?

Un point de départ est la pédagogie. Les modèles éducatifs traditionnels reposaient souvent sur des horaires fixes, un enseignement uniforme et des évaluations standardisées. Ces structures ont bien servi les établissements, mais elles ont aussi laissé de côté de nombreux apprenants, qu'ils aient des styles d'apprentissage, des origines linguistiques ou des obligations professionnelles et familiales différents. Les outils d'IA offrent désormais la possibilité de créer des environnements d'apprentissage personnalisés et adaptatifs, où les étudiants reçoivent un soutien adapté à leur rythme, à leur contexte et à leurs connaissances préalables. Un étudiant en difficulté avec la terminologie théologique peut bénéficier de définitions simplifiées, de lectures structurées ou d'explications en temps réel. Un autre étudiant ayant une solide expérience d'une matière peut se voir proposer des commentaires approfondis, des traditions parallèles ou des défis intégratifs.

Cette adaptabilité peut s'avérer particulièrement efficace dans les classes internationales ou multilingues. La traduction, la synthèse et les outils multimédias basés sur l'IA peuvent rendre les cours, les lectures et les discussions accessibles au-delà des frontières linguistiques. Un séminariste à Nairobi pourrait étudier aux côtés d'un camarade à São Paulo, lisant un mystique du IVe siècle et un poète du XXIe siècle, grâce à des outils d'IA qui relient leurs langues et leurs contextes. Ainsi, l'éducation devient non seulement plus inclusive, mais aussi plus interconnectée, reflétant la diversité et l'unité du corps qu'elle vise à servir.

La conception des programmes scolaires pourrait également être repensée. Grâce à la capacité de l'IA à organiser et visualiser de vastes corpus de connaissances, les enseignants peuvent créer des cartes dynamiques de contenus théologiques, historiques et éthiques. Ces cartes peuvent illustrer l'évolution des doctrines, la récurrence des thèmes bibliques dans les différentes cultures, et l'émergence et l'évolution des pratiques spirituelles. Les élèves peuvent explorer ces réseaux de manière interactive, tracer leur propre chemin, poser leurs propres questions et apporter leurs propres réflexions. Une telle approche dépasse la réception passive pour s'orienter vers une construction active du sens.

Les enseignants, plutôt que de se contenter de diffuser du contenu, deviennent des animateurs d'environnements d'apprentissage, des mentors de discernement et des facilitateurs de dialogue. Ils guident les étudiants non seulement à travers les matières, mais aussi vers la sagesse. Dans ce modèle, l'IA devient un outil non pas de contrôle, mais de possibilités: elle libère du temps, élargit l'accès et enrichit l'engagement.

L'IA permet également de nouveaux modes d'apprentissage collaboratif. Les élèves peuvent co-créer des commentaires annotés, partager des réflexions dévotionnelles liées à des textes bibliques ou constituer des archives collectives de mouvements pour la justice et de réponses théologiques. Ces projets partagés peuvent s'étendre à plusieurs institutions, langues et disciplines, formant des réseaux de recherche à l'image des premières communautés épistolaires, liées non seulement par la géographie, mais aussi par un dévouement commun à la vérité et à l'amour.

En recherche, l'IA peut favoriser la découverte de voix trop souvent négligées: textes non traduits, traditions sous-représentées, modèles non reconnus par les méthodes conventionnelles. Les chercheurs peuvent utiliser l'IA pour faire émerger des sermons négligés, comparer des métaphores spirituelles à travers les siècles ou retracer des thèmes éthiques dans des contextes culturels disparates. Associés à l'analyse éthique et à la réflexion théologique, ces outils peuvent non seulement faire progresser la recherche, mais aussi la démocratiser.

La formation elle-même peut être améliorée, et non remplacée, par une utilisation judicieuse de l'IA. Des guides de journalisation, des exercices spirituels personnalisés et un accès multilingue à des prières et pratiques anciennes peuvent aider les étudiants à intégrer leur apprentissage à leur vie intérieure. L'IA ne peut pas former l'âme. Mais elle peut aider les étudiants à approfondir leurs questions spirituelles, si elle est utilisée à bon escient.

Sur le plan institutionnel, l'IA invite à repenser non seulement la pédagogie, mais aussi la mission. Les établissements scolaires peuvent étendre leur portée au-delà des cursus classiques, en proposant un apprentissage modulaire, une éducation communautaire et des ressources spirituelles aux populations défavorisées. Ils peuvent s'associer aux églises, aux ONG et aux mouvements mondiaux pour partager les connaissances, renforcer les capacités et apprendre ensemble. À l'ère des inégalités croissantes et de l'urgence écologique, l'IA peut permettre aux établissements de gagner en agilité, en réactivité et en prophétie, moins contraints par les systèmes traditionnels et plus ouverts à la collaboration et à l'innovation.

Pourtant, cette réinvention doit rester ancrée. L'IA ne doit pas devenir une nouvelle forme d'empire, reproduisant les structures de domination par le biais du numérique. Elle doit être guidée par des engagements en faveur de la justice, de la vérité et de la solidarité. Elle doit être façonnée par la voix des personnes marginalisées et rendre des comptes aux communautés qu'elle entend servir. C'est pourquoi la tâche de réinventer l'éducation n'est pas principalement technique. Elle est spirituelle.

Les enseignants, les administrateurs, les étudiants et les communautés doivent s'unir pour se demander: quel type de formation est nécessaire à notre époque? Quel type de savoir guérit? Quel type de communauté reflète la personnalité de Celui qui nous appelle à enseigner, à apprendre et à vivre dans l'amour? L'IA ne peut pas répondre à ces questions. Mais elle peut nous aider à les explorer, si nous y accordons la même attention que nous portons à la classe, aux textes et au visage de notre prochain.

Cette vision n'exige pas d'abandonner la tradition. Au contraire, elle puise aux mêmes sources qui ont toujours animé l'éducation théologique: les textes sacrés, la sagesse des anciens, le témoignage des saints, le désir du cœur. Elle exige seulement que nous restions ouverts, que nous ne craignions pas le changement plus que l'insignifiance, et que nous n'adorions pas la nouveauté plus que le bien.

L'intelligence artificielle n'est pas l'avenir de l'éducation. Mais elle en fera partie. L'avenir reste humain, relationnel et spirituel. Il demeure, au sens le plus profond du terme, un mystère – un mystère qu'il ne faut pas maîtriser, mais qu'il faut aborder avec respect, espoir et courage.

Le prochain chapitre se tournera vers ceux qui ont déjà emprunté cette voie: les enseignants et les institutions qui expérimentent l'IA de manière réfléchie, pragmatique et créative. Leurs témoignages sont non seulement une source d'inspiration, mais aussi une source d'inspiration, montrant ce qui est possible lorsque sagesse et imagination s'unissent au service de l'apprentissage.

Chapitre 13
Études de cas et témoignages du terrain

Les chapitres précédents ont proposé une réflexion théologique, des cadres pédagogiques et des orientations institutionnelles pour intégrer l'intelligence artificielle dans une éducation spirituelle. Cependant, la théorie doit être mise à l'épreuve par la pratique. Dans les écoles, les séminaires et les communautés d'apprentissage, les enseignants expérimentent déjà l'IA, non pas comme substitut à la formation, mais comme partenaire. Ils innovent, s'interrogent, apprennent et imaginent ce qui pourrait être possible lorsque la sagesse guidera la technologie.

Ce chapitre propose une sélection d'études de cas et de témoignages d'éducateurs et d'institutions explorant l'utilisation de l'IA dans des contextes à forte dimension spirituelle. Ces exemples ne sont pas destinés à être reproduits sans discernement. Ils servent plutôt d'amorces de conversation, d'ouvertures sur la pratique et de témoignages de la créativité et de l'attention qui animent ce travail.

Enseigner avec le dialogue assisté par l'IA: une classe dans les Psaumes

Dans une petite faculté de théologie du Midwest, une professeure de poésie hébraïque a repensé son cours "Psaumes et vie de prière" pour y intégrer des dialogues basés sur l'IA. Les étudiants se sont vu attribuer des psaumes spécifiques – lamentations, louanges, textes de sagesse – et ont été chargés de créer des réflexions à partir de la voix d'un fidèle de l'Antiquité. Pour stimuler l'imagination historique, les étudiants ont utilisé un outil d'IA entraîné sur des textes et commentaires bibliques pour simuler un dialogue entre le psaume assigné et une voix contemporaine de protestation, de deuil ou de louange.

Le professeur a indiqué que si l'IA aplanissait parfois les nuances, elle incitait aussi les étudiants à poser de meilleures questions. Ils ont débattu de la capacité des machines à "prier", réfléchi à la différence entre réciter et croire, et exploré la différence de fonctionnement des lamentations selon qu'elles sont émises par une machine ou par une personne ayant souffert. L'objectif n'était jamais de laisser l'IA interpréter le texte à la place de l'étudiant, mais de servir de support réflexif. Le résultat a non seulement permis d'améliorer les compétences exégétiques, mais aussi d'approfondir l'approche des dimensions spirituelles et émotionnelles des Psaumes.

Repenser l'évaluation dans un programme d'homilétique

Dans un séminaire d'Afrique de l'Est, les enseignants s'inquiétaient du recours croissant aux sermons générés par l'IA. Les enseignants ont constaté que les étudiants soumettaient des plans d'homilétiques qui reflétaient les résultats des modèles d'IA: une structure claire, mais peu approfondie, peu résonnante localement ou peu théologiquement vécue.

Plutôt que de réagir de manière punitive, les professeurs ont décidé de restructurer le projet final. Les étudiants devaient désormais prêcher dans des contextes communautaires (églises, centres de réfugiés ou coopératives agricoles), puis soumettre un travail de réflexion documentant le processus: recherche contextuelle, fondements bibliques et théologiques, réactions des auditeurs et développement personnel.

L'IA était autorisée, mais uniquement comme outil reconnu lors des séances de brainstorming. Les étudiants qui utilisaient l'IA pour esquisser des idées devaient expliquer comment ils avaient révisé ou rejeté ses suggestions. Les sermons qui en résultaient étaient plus concrets, moins stéréotypés et bien plus transformateurs. Les enseignants ont constaté un retour à la préparation spirituelle, à l'écoute relationnelle et au discernement contextuel – ce qu'un membre du corps enseignant a qualifié de "retour à la vraie prédication".

L'IA dans la recherche: amplifier les voix sous-représentées

Un membre du corps enseignant d'un institut de théologie brésilien a utilisé l'IA pour analyser textuellement des centaines d'essais de théologie de la libération, dont beaucoup n'étaient pas disponibles en anglais auparavant. L'objectif du projet était de retracer l'émergence des thèmes écologiques dans la réflexion théologique de 1970 à nos jours.

Les outils de traduction et de regroupement assistés par IA ont permis au chercheur d'identifier des tendances, de faire émerger des voix moins connues et de publier une bibliographie annotée multilingue. Bien que le chercheur ait examiné toutes les traductions manuellement et rejeté les interprétations automatiques qui déformaient le ton original, il a indiqué que l'IA lui avait permis d'accéder à bien plus de documents qu'il n'aurait pu le faire seul.

Le projet n'a pas supprimé le rôle du chercheur, il l'a élargi. L'IA a servi de phare, et non de guide. Son intérêt ne résidait pas dans le remplacement de l'interprétation, mais dans la possibilité d'un engagement plus fidèle avec l'ensemble de la tradition.

Formation du corps professoral: constituer une cohorte d'apprentissage

Dans une faculté de théologie d'Asie du Sud-Est, un doyen d'université a lancé un programme d'apprentissage d'un an sur l'IA. Ce programme a réuni des professeurs d'études bibliques, de théologie pastorale, d'éthique et de liturgie pour étudier comment les outils d'IA pourraient améliorer – ou entraver – leur travail.

La cohorte s'est réunie mensuellement pour explorer une liste de lectures partagée, tester des outils pédagogiques et réfléchir aux implications théologiques. Certaines séances comprenaient des démonstrations d'IA dans la conception de programmes; d'autres invitaient à une réflexion sur la personnalité, l'incarnation et la communauté à l'ère numérique. Les enseignants étaient encouragés à expérimenter à petite échelle: un glossaire généré par l'IA ici, un dialogue interactif là.

À la fin de l'année, chaque membre du corps professoral a soumis une "déclaration personnelle d'enseignement de l'IA" et un programme révisé intégrant ses apprentissages. Plus que les outils eux-mêmes, les participants ont apprécié l'espace de dialogue, de partage des craintes et de réflexion éthique. Comme l'a fait remarquer un professeur: "Le véritable cadeau, c'était la permission de ne pas savoir – et d'imaginer ensemble."

Pratiques spirituelles numériques et formation globale

Un programme de formation œcuménique destiné aux étudiants dispersés dans la diaspora africaine a introduit un module numérique de pratiques spirituelles soutenu par l'IA. Les étudiants pouvaient participer à des prières guidées, recevoir des réflexions bibliques contextualisées dans leur langue maternelle et créer un calendrier liturgique personnel inspiré de multiples traditions.

Des outils d'IA ont permis d'adapter les ressources de dévotion à l'emploi du temps, aux centres d'intérêt et au style de prière des étudiants, en proposant de brèves lectures matinales, des éclairages historiques ou des suggestions pour la tenue d'un journal. Bien que tout le contenu ait été validé par les enseignants, les étudiants ont eu une influence significative sur la définition de leur rythme de dévotion. Les retours des étudiants ont été extrêmement positifs. Ils ont déclaré se sentir plus connectés à l'Église, plus ancrés dans la pratique quotidienne et mieux soutenus dans les moments de stress.

Les enseignants ont clairement indiqué que l'IA ne pouvait pas former le caractère, mais qu'elle pouvait favoriser l'attention. Comme l'a fait remarquer un directeur de formation: *"L'Esprit agit dans le silence. Mais parfois, l'IA nous aide à nous rappeler de lui faire de la place."*

Ces études de cas n'offrent pas de conclusion unique. Certaines soulignent le pouvoir de l'IA pour élargir l'accès, d'autres sa capacité à susciter des questions éthiques ou à encourager une refonte pédagogique. Ensemble, elles suggèrent que l'engagement avec l'IA ne doit pas être défensif ou superficiel. Appréhendés avec humilité, courage et créativité, ces outils peuvent devenir des alliés dans le long travail d'éducation et de formation.

Pour y parvenir, les institutions et les enseignants doivent toutefois rester clairs quant à leur objectif. L'IA n'est pas une solution. C'est un accélérateur. Elle amplifie ce qui existe déjà – dans notre pédagogie, nos valeurs, nos espoirs et nos craintes. Si nous voulons que nos élèves deviennent sages, sincères et compatissants, nous devons cultiver ces mêmes qualités en nous-mêmes et dans les systèmes que nous construisons.

Partie IV
Ingénierie rapide
Qu'est-ce qui fait que l'IA fonctionne bien?

Chapitre 14
Inciter avec un but
Fondements de l'utilisation de l'IA théologique

L'intelligence artificielle transforme notre façon de penser, d'écrire, de rechercher et d'enseigner. Si de nombreux acteurs de l'enseignement théologique se montrent, à juste titre, prudents face à ces évolutions, d'autres commencent à reconnaître que l'IA, utilisée avec sagesse et intégrité, peut devenir un précieux compagnon dans la quête de la vérité. Parmi les compétences les plus importantes qui émergent dans ce paysage figure l'ingénierie rapide, c'est-à-dire la capacité à communiquer efficacement avec les outils d'IA au moyen de questions et d'instructions bien formulées.

L'ingénierie prompte n'est pas seulement technique. C'est une forme d'investigation théologique. Bien susciter, c'est poser de bonnes questions. Et poser de bonnes questions, c'est rechercher la clarté, la curiosité et le discernement – des vertus cultivées depuis longtemps dans les traditions théologiques. De même que la réflexion théologique est façonnée par la manière dont on formule une question – qu'elle soit doctrinale, biblique, pastorale ou éthique –, la qualité d'une réponse générée par l'IA dépend également de la manière dont l'invite est construite.

Ce chapitre s'adresse aux enseignants, chercheurs, étudiants et responsables d'institutions théologiques qui souhaitent utiliser les outils d'IA de manière concrète et concrète. Il ne propose pas un aperçu théorique de l'intelligence artificielle, mais un guide pratique pour élaborer de meilleures pistes de réflexion pour l'étude, l'enseignement, la rédaction et la formation théologiques.

Pourquoi l'ingénierie des prompts est importante dans le travail théologique

L'intelligence artificielle peut aider l'enseignement théologique de manière plus profonde à deux moments cruciaux: au début d'un projet et à sa fin.

Au début, l'IA peut stimuler la curiosité, cartographier un champ de recherche, faire émerger des connexions cachées et structurer les idées initiales. Avec quelques suggestions bien conçues, on peut générer une série de questions, comparer les positions entre traditions ou visualiser comment une doctrine comme l'incarnation croise des thèmes comme l'incarnation, la souffrance et la justice.

À la fin d'un projet, l'IA peut jouer un rôle de relecteur et d'affineur. Elle peut mettre en évidence les lacunes de l'argumentation, suggérer des améliorations aux transitions, aider à clarifier la formulation théologique et même vérifier la cohérence du ton, offrant ainsi un miroir qui aide l'auteur à peaufiner ce qu'il a déjà soigneusement composé.

Dans les deux cas, l'utilisateur demeure responsable. L'IA ne peut pas décider de ce qui compte. Elle ne peut pas prier, interpréter les Écritures à travers le prisme de la foi, ni comprendre la portée spirituelle d'un argument théologique. Mais elle peut constituer un outil réactif, flexible et extrêmement performant pour ceux qui s'attachent à la profondeur théologique et à l'excellence pédagogique.

L'anatomie d'une bonne invite

L'ingénierie des messages incitatifs repose sur la clarté des instructions, du contexte et de l'objectif. Un message incitatif bien construit comporte généralement quatre éléments clés:

Instruction – Quelle est la tâche?

Contexte – Quel est le sujet, le thème ou le genre?

Contraintes – Quelles limitations ou spécifications devraient guider le résultat?

Perspective ou rôle – De quelle voix, de quel contexte ou de quelle perspective disciplinaire l'IA devrait-elle réagir?

Plus une question est élaborée avec soin, plus la réponse est pertinente. Vous trouverez ci-dessous des exemples concrets illustrant ces principes en pratique, adaptés aux tâches courantes de la formation théologique.

Exemple 1: Interprétation biblique – Invite générale vs. invite spécifique

Invite de base:

"Expliquez le livre de l'Apocalypse."

Invite améliorée:

"En tant qu'érudit biblique écrivant pour un public de séminaire, résumez les principaux thèmes théologiques du livre de l'Apocalypse en 300 mots, en accordant une attention particulière à l'imagerie apocalyptique et à l'encouragement pastoral."

Explication:

Le sujet amélioré comprend un rôle (érudit biblique), un public précis (séminaire), une tâche (résumer), une contrainte (300 mots) et un objectif (thèmes, images, encouragements). Cette spécificité permet d'éviter les propos génériques ou sensationnalistes.

Exemple 2: Comparaison doctrinale – Incitation à l'analyse

Invite de base:

"Comparer les théories de l'expiation."

Invite améliorée:

"Comparez les théories de la substitution pénale et de l'influence morale en matière d'expiation en 500 mots. Présentez chaque point de vue avec justesse et associez un théologien historien à chacune d'elles."

Explication:

En demandant l'équité, un nombre de mots et des exemples historiques, l'invite oriente l'IA vers un contenu structuré et comparatif adapté à un usage académique.

Exemple 3: Application éthique – Incitatif contextuel

Invite de base:

"Que dit la Bible à propos de la justice?"

Invite améliorée:

"Du point de vue de la littérature prophétique de l'Ancien Testament, décrivez comment le concept de justice est formulé chez Amos et Michée. Limitez votre résumé à 250 mots et soulignez les implications pour l'éthique économique aujourd'hui."

Explication:

Cette invite donne une orientation thématique claire (les prophètes), une portée (Amos et Michée) et une application (l'éthique économique), rendant la réponse beaucoup plus utilisable en classe ou dans la préparation d'un sermon.

Exemple 4: Théologie patristique – Incitatif à la synthèse historique

Invite de base:

"Qui est Augustin?"

Invite améliorée:

"Résumez la conception d'Augustin sur la grâce et le libre arbitre telle qu'elle est présentée dans ses écrits contre Pélage. Utilisez un ton adapté aux étudiants en théologie et limitez votre explication à 400 mots."

Explication:

La tâche est située historiquement, le thème (la grâce et le libre arbitre) est précisé, et le public et le ton sont définis.

Exemple 5: Adaptation stylistique et dévotionnelle

Demande d'ajustement du ton stylistique:

"Réécrivez ce paragraphe pour le rendre plus méditatif et adapté à une réflexion dévotionnelle, tout en gardant intactes les idées théologiques."

Demande de changement d'audience:

"Simplifiez cette explication de la périchorèse pour l'utiliser dans un cours d'éducation des adultes laïcs."

Explication:

Ces invites demandent à l'IA d'ajuster non pas le contenu, mais le style, le ton et l'accessibilité, essentiels pour l'enseignement et la formation dans tous les contextes.

Exemple 6: Raffinement itératif

Souvent, les meilleures réponses proviennent d'une série de questions plutôt que d'une seule. Par exemple:

Étape 1: "Décrivez cinq thèmes théologiques clés de l'Évangile de Luc."

Étape 2: "Développez le troisième thème en un paragraphe complet avec des références scripturaires."

Étape 3: "Résumez ce paragraphe en une seule phrase pour l'utiliser dans l'introduction d'un sermon."

Cette stratégie itérative reflète le flux réel de l'écriture et de la formation académiques: explorer, approfondir, distiller.

L'ingénierie des invites ne consiste pas à trouver l'invite parfaite. Il s'agit de cultiver des habitudes de questionnement, d'affinement et de remise en question. Ce sont aussi des habitudes théologiques. En créant de meilleures invites, nous apprenons non seulement à utiliser une machine plus efficacement, mais aussi à penser plus clairement, à écrire avec plus d'honnêteté et à enseigner avec plus d'attention.

Les chapitres qui suivent s'appuieront sur cette base en parcourant étape par étape les activités essentielles de l'éducation et de la recherche théologiques – rédaction, édition, enseignement et formation – chacune avec ses propres stratégies d'incitation, exemples et meilleures pratiques.

Chapitre 15
Incitation à la recherche et à la rédaction théologique

L'ingénierie de la promptitude peut être l'un des outils les plus puissants à votre disposition en recherche théologique. Bien utilisée, elle permet de susciter des questions, de comparer les points de vue, d'aborder les textes et de présenter des arguments avec clarté et profondeur théologique.

Que vous soyez en phase de brainstorming ou que vous affiniez la structure de votre thèse, l'essentiel réside dans la manière dont vous posez vos questions. Ce chapitre vous propose des stratégies d'incitation prêtes à l'emploi pour un travail théologique concret.

Incitation à générer des questions de recherche

Lorsque vous débutez, de bonnes suggestions peuvent vous aider à passer d'intérêts vagues à des questions théologiques ciblées.

Essayez des invites telles que:

"Énumérez 5 questions théologiques liées au thème de l'espérance dans l'épître aux Romains."

"Générer 3 questions de recherche sur la doctrine de la création dans les contextes théologiques africains."

"Quelles sont les questions théologiques sous-explorées dans Luc-Actes?"

Bonnes pratiques:

Incluez votre tradition ou votre contexte (par exemple, "théologie de la libération", "sources patristiques")

Limiter la portée: se concentrer sur des textes ou des doctrines spécifiques

Demandez un éventail de points de vue

Incitation à comparer les points de vue théologiques

Comparer les positions théologiques est un élément clé de la rédaction académique. Utilisez des invites qui obligent l'IA à structurer la comparaison de manière réfléchie.

Exemples:

"Comparez les conceptions d'Augustin et de Pélage sur la grâce et le libre arbitre. Incluez des références scripturaires."

"En quoi Martin Luther et John Wesley diffèrent-ils dans leur compréhension de la sanctification?"

"Créez un tableau comparant trois grandes théories de l'expiation: la substitution pénale, l'influence morale et *Christus Victor.*"

Conseils:

Demandez l'équité: "Présentez chaque point de vue de manière objective"

Inclure des dimensions historiques, pastorales ou doctrinales

Envisagez des suggestions de suivi telles que: "Quel point de vue est le plus répandu dans l'homilétique moderne?"

Incitation à résumer des textes classiques

Les ouvrages théologiques denses peuvent être difficiles à assimiler. Utilisez des pistes pour extraire les arguments clés et les clarifier pour votre public.

Exemples:

Cur Deus Homo d'Anselme en 250 mots pour un étudiant diplômé."

"Quel est l'enseignement fondamental du Disciple de Bonhoeffer sur la grâce coûteuse?"

"Résumez les cinq voies de Thomas d'Aquin dans un langage académique simple."

Affinements:

"Expliquez maintenant ce résumé à un groupe d'étude biblique composé d'adultes laïcs."

"Donnez trois implications pastorales de la vision de Bonhoeffer sur le discipulat."

Incitation à simuler un dialogue scientifique

Utilisez des sujets d'intérêt pour créer des contrastes et des débats. C'est idéal pour préparer des discussions en classe, des dissertations ou des cadres de recherche.

Exemples:

"Présentez un débat entre Karl Barth et un théologien du processus sur l'immutabilité divine."

"Résumez deux points de vue opposés sur l'ordination des femmes, en utilisant des arguments théologiques et bibliques."

"Vous êtes un éthicien catholique du XXe siècle. Répondez à la critique du droit naturel formulée par un théologien de la libération."

Stratégie avancée: (Créer une chaîne d'invite)
"Résumez la vision de Barth sur la révélation."
"Critiquez maintenant ce point de vue d'un point de vue théologique féministe."
"Proposer une synthèse qui réponde aux deux préoccupations."

Incitation à créer et à affiner les contours

C'est dans la structuration que l'IA peut vous aider à donner forme à vos idées dispersées. Demandez-lui de suggérer une structure, puis adaptez-la.

Exemples:
"Créez un plan détaillé pour un essai de 3 000 mots sur le Saint-Esprit dans Luc-Actes."
"Organisez un article comparant la théologie sacramentelle en Orient et en Occident en 5 sections."
"Rédiger un plan de cours sur la justice divine chez les Petits Prophètes."

Améliorez-le avec des contraintes:
"Inclure une introduction et une conclusion."
"Suggérez 1 à 2 sources clés pour chaque section."
"Ajoutez une question de discussion pour chaque section."

Incitation à explorer les théologies à partir de perspectives mondiales et marginalisées

L'IA peut aider à faire émerger des perspectives parfois sous-représentées, si vous la sollicitez avec précaution.

Exemples:
"Énumérez trois thèmes majeurs de la théologie de la libération en Amérique latine."

"Comment les théologiens africains ont-ils réagi au livre de Job?"

"Résumer les interprétations féministes asiatiques du Magnificat."

Soyez prudent:

Vérifiez les théologiens et les sources mentionnés

Demandez des noms, des dates et des citations que vous pouvez suivre vous-même

Ne considérez jamais l'IA comme une source finale, utilisez-la comme un indicateur.

Encourager l'intégration interdisciplinaire

La recherche théologique touche souvent à l'éthique, à la philosophie et aux sciences. L'incitation peut contribuer à créer des liens créatifs.

Exemples:

"Comment le concept d'imago Dei se rapporte-t-il aux débats actuels sur l'éthique de l'IA?"

"Que pourraient apporter les sciences cognitives à la théologie sacramentelle?"

"Énumérez 3 implications de la théologie écologique pour la prédication eschatologique."

Demande d'échafaudage bibliographique (*à utiliser avec prudence !*)

L'IA peut suggérer des sources, mais elle a souvent tendance à "halluciner" ou à inventer des références. Utilisez-la pour faire du brainstorming, pas pour citer.

Invites de sécurité:

"Quels théologiens sont généralement associés à la théologie politique?"

"Nommez quelques penseurs récents qui ont écrit sur la pneumatologie dans les traditions pentecôtistes."

"Énumérez les principaux ouvrages qui explorent la réception interculturelle de l'Évangile de Jean."

Questions de suivi:

"Donnez une description en 1 à 2 phrases de l'œuvre principale de chaque théologien sur ce sujet."

Important: vérifiez toujours chaque citation ou source suggérée de manière indépendante.

Derniers rappels pour stimuler la recherche et la rédaction

- Soyez clair et précis: ne présumez pas que le modèle connaît votre contexte.
- Utilisez des invites basées sur les rôles pour façonner la perspective: "Vous êtes un éthicien réformé…"
- Créez des invites de manière itérative: demandez, ajustez, approfondissez
- Utilisez l'IA pour stimuler, et non remplacer, votre propre pensée théologique
- N'oubliez pas: vous êtes le théologien. L'IA est un outil, pas un enseignant, ni un oracle.

Nous aborderons ensuite l'autre aspect du processus d'écriture: comment l'ingénierie de la cadence peut vous aider à réviser, affiner et affiner votre rédaction théologique pour gagner en clarté, en ton et en cohérence. La cadence ne sert pas seulement à stimuler l'esprit. Elle permet aussi de peaufiner vos meilleures idées jusqu'à ce qu'elles soient prêtes à être enseignées, prêchées ou publiées.

Chapitre 16
Incitation à l'amélioration de l'écriture et de la communication théologique

Une fois la recherche rédigée, le travail n'est pas terminé; il ne fait que commencer. La révision d'un texte théologique implique d'affiner la logique, d'améliorer la clarté, d'ajuster le ton et de veiller à ce que les idées théologiques soient communiquées fidèlement et efficacement. C'est là que l'ingénierie de la rapidité prend tout son sens.

L'IA ne peut pas juger la vérité, mais elle peut vous aider à écrire de manière plus claire, plus précise et plus convaincante. Dans ce chapitre, vous apprendrez à utiliser des invites pour améliorer la structure des phrases, vérifier la fluidité et les transitions, corriger le ton et relire le contenu théologique.

Encourager la clarté et la lisibilité
Un bon texte théologique doit être à la fois profond et clair. Utilisez des invites pour simplifier les phrases complexes, clarifier les idées et éliminer le jargon, sans perdre en profondeur.

Essayez des invites telles que:
"Réécrivez ce paragraphe pour le rendre plus clair sans perdre la précision théologique."

"Simplifiez cette explication de la périchorèse pour un étudiant en deuxième année de séminaire."

"Divisez cette longue phrase en deux phrases plus courtes tout en préservant le sens."

Exemple:
Original:

"La vision eschatologique d'Isaïe, enracinée dans les oracles prophétiques de restauration, anticipe une réconciliation cosmique qui résiste à la réduction au dualisme apocalyptique."

Rapide:

"Simplifiez ceci pour un lecteur formé en théologie mais non spécialiste."

Sortie de l'IA (échantillon):

La vision d'Isaïe de la fin des temps annonce un monde restauré. Elle met l'accent sur la guérison et la plénitude, sans tomber dans un récit simpliste du bien contre le mal.

Incitation à réviser le flux et la structure des paragraphes

Même des idées bien formulées peuvent sembler décousues si les transitions sont faibles. Utilisez l'IA pour analyser l'ordre, la cohérence et la structure des paragraphes.

Exemples:

"Ce paragraphe découle-t-il logiquement du précédent? Proposez une phrase de transition si nécessaire."

"Réorganisez ce paragraphe pour souligner plus clairement le point principal de l'argument."

"Suggérez une meilleure façon d'ouvrir cette section."

Conseil bonus: ajoutez "Expliquez votre raisonnement" à votre invite pour découvrir comment l'IA a fait son choix, idéal pour l'enseignement et l'apprentissage.

Indication du ton: académique, pastoral ou dévotionnel

La théologie s'adresse à de nombreux publics. Utilisez des invites pour adapter le ton tout en préservant le contenu.

Types de tonalités courants:

Académique – clair, formel, référencé
Pastorale – chaleureuse, pratique, relationnelle
Dévotionnel – méditatif, réflexif, personnel

Exemples d'invites:

"Réécrivez cette section sur un ton académique pour une revue de théologie."

"Adaptez ce paragraphe pour qu'il soit adapté à une homélie du Vendredi Saint."

"Reformulez ceci sur un ton plus contemplatif, approprié à un guide de dévotion."

Exemple avant et après:

Original (académique):

"Les thèmes sotériologiques de l'Évangile de Luc reflètent une interaction dynamique entre la repentance personnelle et la libération sociale."

Rapide:

"Donnez-lui un ton plus pastoral pour l'utiliser dans une étude biblique."

Sortie (échantillon):

Dans l'Évangile de Luc, nous voyons comment l'œuvre salvifique de Dieu transforme les cœurs et guérit les communautés. Le pardon mène à la liberté, tant personnelle que sociale.

Incitation à éliminer les répétitions et à resserrer le langage

La répétition affaiblit l'écriture. L'IA peut aider à repérer les redondances et à affiner la formulation.

Conseils à essayer:

"Identifiez les idées ou les phrases répétées dans ce paragraphe et suggérez des modifications."

"Rendre cette section plus concise tout en conservant le sens théologique."

"Réduisez cela de 30 % sans perdre de nuances."

Exemple de tâche d'édition:

"Ce paragraphe reprend trois fois la même idée de grâce. Proposez une version plus concise."

Demande d'introduction et de conclusion

L'IA peut aider à réfléchir à des ouvertures et des fermetures plus solides.

Suggestions pour les présentations:

"Proposez une introduction engageante pour un essai théologique sur la Trinité."

"Écrivez une accroche de deux phrases pour un article sur l'éthique de la non-violence."

Suggestions de conclusions:

"Résumez l'argument et expliquez pourquoi il est important pour la théologie pratique aujourd'hui."

"Proposez un paragraphe de conclusion qui suggère une étude plus approfondie de l'eschatologie."

Demande de relecture et de vérification du style

L'IA peut analyser la grammaire, la ponctuation et la cohérence vocale, mais toujours vérifier deux fois.

Essayez des invites telles que:

"Relisez cette section pour vérifier la grammaire et la clarté. Conservez un ton académique formel."

"Y a-t-il des incohérences dans les temps des verbes ou des phrases peu claires?"

"Vérifiez ceci pour la voix passive et suggérez où utiliser les verbes actifs."

Attention: évitez les suggestions du type "réécrire tout ce texte", sauf si vous révisez uniquement la mécanique. Protégez toujours votre propre point de vue théologique.

Incitation à simuler la réception du public

Vous pouvez utiliser des invites pour imaginer la réaction d'un lecteur. Ceci est particulièrement utile pour les travaux écrits en classe, les sermons ou les dissertations publiques.

Conseils à essayer:

"Comment un étudiant de première année de séminaire pourrait-il réagir à cette explication de la transcendance divine?"

"Quelles questions un lecteur profane pourrait-il se poser après avoir lu ce paragraphe sur l'élection?"

"Quelles parties de ce sermon pourraient sembler déroutantes ou trop académiques?"

Demande de citation et rappels de notes de bas de page

L'IA peut ne pas citer avec précision, mais elle peut vous rappeler où les citations sont nécessaires.

Invites de sécurité:

"Suggérez où des notes de bas de page pourraient être ajoutées pour étayer ces affirmations."

"Quels ouvrages ou auteurs théologiques devraient être cités pour étayer les idées de ce paragraphe?"

"Citez trois grands théologiens qui ont écrit sur ce sujet afin que je puisse y donner suite."

N'oubliez pas: vérifiez toujours les noms, les titres et les citations générés par l'IA.

Conseils finaux pour la révision théologique

- Utilisez des invites courtes et spécifiques: un paragraphe à la fois est préférable.
- Demandez à l'IA d'expliquer ses suggestions: "Pourquoi avez-vous recommandé ce changement?"
- Gardez le contrôle sur le ton et la voix: votre identité théologique compte.
- N'effacez pas la complexité; utilisez des invites pour clarifier, et non pour aplatir, votre argument.
- Pratiquez les invites de superposition: révisez, révisez, revérifiez la cohérence.

L'IA ne peut pas penser à votre place, mais elle peut vous aider à renforcer vos idées, à clarifier vos écrits et à rendre votre communication théologique plus convaincante. Alors que vous développez votre voix en tant qu'érudit, prédicateur ou enseignant, intégrez l'ingénierie de la rapidité à votre boîte à outils de révision, non pas pour remplacer le discernement, mais pour le soutenir.

Ensuite, nous nous tournerons vers la salle de classe et la communauté: comment susciter l'enseignement, la formation et l'engagement des étudiants dans l'éducation théologique.

Chapitre 17
Incitation à l'enseignement, à la formation et à la pratique théologique en classe

L'ingénierie de la rapidité ne se limite pas à la recherche et à la rédaction. Elle ouvre également de formidables perspectives en classe, dans le programme scolaire et pour la formation spirituelle des élèves. *Utilisée à bon escient, l'IA peut aider les enseignants à créer des supports, à former les élèves au raisonnement théologique et à modéliser le discernement dans un monde numérique en constante évolution .*

Ce chapitre montre comment:

- Concevoir des missions en tenant compte de l'IA;
- Utilisez des invites pour générer des plans de cours, des aides à la lecture et des études de cas;
- Équiper les élèves pour écrire et analyser les sujets de manière critique; et
- Cultivez la réflexion théologique et le discernement vocationnel grâce à des tâches améliorées par l'IA.

Incitation à concevoir des devoirs riches en théologie

L'IA peut vous aider à générer ou à affiner rapidement des tâches adaptées à différents niveaux et objectifs d'apprentissage.

Essayez des invites telles que:

"Créez un devoir en trois parties sur la doctrine de la création pour un cours de théologie de niveau MDiv."

"Concevez une activité en classe explorant l'utilisation des psaumes de lamentation dans la pastorale."

"Proposez 3 questions de dissertation sur le concept du royaume de Dieu dans l'Évangile de Marc."

Affinements:

Ajouter des objectifs d'apprentissage: "Inclure des objectifs alignés sur la taxonomie de Bloom."

Ajoutez des méthodes d'évaluation: "Proposez une grille d'évaluation pour ce devoir."

Sujet de dissertation: "Comparez et opposez deux interprétations théologiques de *la kénose* dans Philippiens 2. Comment chacune pourrait-elle façonner la compréhension du pouvoir et de l'humilité d'une communauté?"

Étude de cas: "Rédigez un scénario dans lequel un pasteur doit répondre à la question d'un fidèle sur l'enfer, reflétant deux approches théologiques majeures."

Incitation à créer des plans de cours, des conférences et des guides

Laissez l'IA vous aider à rédiger les premières ébauches de la préparation des cours, en particulier les plans, les invites de lecture et les questions de cadrage.

Exemples d'invites:

"Produire un plan de cours de 45 minutes sur le développement de la doctrine trinitaire dans l'Église primitive."

"Rédigez une série de 5 questions de discussion sur le Sermon sur la montagne qui se connectent aux problèmes éthiques contemporains."

"Créez un tableau comparatif de la théologie de l'alliance dans la Genèse, l'Exode et le Deutéronome."

Demandez des résultats d'apprentissage: "Que devraient comprendre les élèves à la fin de cette séance?"

Invitez l'IA à structurer la difficulté: "Énumérez 3 questions d'échauffement, puis 2 défis plus approfondis."

Incitation à la création d'aides à la lecture et de guides d'étude

Aidez les étudiants à s'engager profondément dans les textes à l'aide de guides générés par l'IA qui clarifient, contextualisent et provoquent la discussion.

Exemples:

"Résumez La Croix et l'Arbre du lynchage de James Cone en 300 mots pour les étudiants de deuxième année de théologie."

"Énumérez les termes clés du Château intérieur de Thérèse d'Ávila et définissez-les dans un langage académique simple."

"Créez un guide d'étude pour le Psaume 139 qui met en évidence les thèmes théologiques et les applications pastorales."

Suivis facultatifs:

"Ajoutez maintenant deux questions de réflexion pour chaque thème."

"Incluez une courte prière ou un exercice spirituel lié à cette lecture."

Encourager la formation des étudiants à l'ingénierie des invites

Apprendre aux élèves à élaborer, affiner et évaluer des invites les aide à penser plus clairement et de manière plus éthique.

Objectifs d'apprentissage des élèves:

Formuler de meilleures questions théologiques

Analyser de manière critique les résultats de l'IA

Réfléchir à leur propre voix et à leur autorité en tant que théologiens

Des missions qui fonctionnent:

Journaux d'invite: "Chaque semaine, notez deux invites que vous avez utilisées dans vos recherches et réfléchissez à leur utilité."

Comparaisons d'invites: "Donnez aux élèves deux versions d'une invite. Demandez-leur de comparer la qualité des réponses."

Sujet + critique: "Demandez à l'IA un résumé de Luther sur la justification. Demandez ensuite aux élèves d'évaluer l'exactitude théologique de ce résumé."

Exemple d'exercice d'incitation pour les élèves: "Invitez l'IA à expliquer le Credo de Nicée sur 3 tons différents: (1) catéchétique, (2) académique et (3) pastoral."

"Rédigez une question demandant trois interprétations de Romains 9. Testez ensuite les résultats avec de vrais commentaires."

Inciter à modéliser un engagement éthique et formatif

Les éducateurs façonnent l'imagination des étudiants en montrant que l'IA est un outil qui soutient, et non remplace, la formation.

En enseignement, montrez comment:

Utiliser l'IA pour explorer divers points de vue, et non pour aplatir la complexité

Incite à approfondir les questions, et non à obtenir "la réponse"

Reconnaître les biais, les lacunes ou les résumés génériques

Exemples de suggestions à modéliser:
"Citer trois façons dont la vision augustinienne du mal pourrait s'appliquer à la théologie du traumatisme aujourd'hui. Indiquer les limites."

"Comment un théologien réformé et un théologien pentecôtiste pourraient-ils réagir différemment à Actes 2? Il faut présenter les deux points de vue de manière juste."

"Proposer 2 réflexions pastorales sur la dissimulation divine qui reflètent différentes traditions spirituelles."

Utilisation dans la formation spirituelle:
"Générer une réflexion sur *la kénose* (Philippiens 2) dans le style d'une entrée de journal de prière."

"Énumérez 3 disciplines spirituelles qui correspondent à la théologie de l'hospitalité dans l'Évangile de Luc."

Sujets de réflexion pour les élèves:
"Comment l'utilisation de l'IA dans ce devoir a-t-elle affecté votre propre apprentissage, votre voix ou votre confiance?"

"Selon vous, que comprend – et ne comprend pas – l'IA à propos de la foi?"

Encourager la diversité dans les classes et l'engagement interculturel
Pour les classes diversifiées et mondiales, l'ingénierie rapide peut aider à contextualiser le contenu et à ouvrir de nouveaux dialogues.

Suggestions pour adapter les lectures:

"Réécrivez cette définition de la justification pour les apprenants d'anglais langue seconde dans un cours de rédaction théologique."

"Résumez cet article en français et incluez un glossaire des termes clés."

"Citer trois théologiens africains ou asiatiques qui ont écrit sur le Saint-Esprit. Résumez brièvement leurs points de vue."

Sujets de réflexion sur la théologie comparée:

"Comparez la doctrine de la création dans les pensées orthodoxe, autochtone et islamique. Notez les points communs et les différences."

"Générer des questions pour le dialogue interreligieux sur la dignité humaine et l'image de Dieu."

Dernières consignes d'enseignement à garder à l'esprit

- Utilisez des invites pour développer – et non aplatir – l'imagination théologique de vos élèves;
- Inviter l'IA à soutenir des parcours d'apprentissage personnalisés et un accès multilingue;
- Considérez l'élaboration rapide comme un exercice de clarté, d'humilité et de curiosité;
- Utiliser le temps de classe pour une analyse critique des résultats de l'IA — et pas seulement de son utilisation; et
- Entraînez les élèves à inciter avec conviction et à évaluer avec soin.

L'IA fait désormais partie intégrante des cours de théologie. La question n'est pas de savoir si elle sera utilisée, mais comment. L'ingénierie rapide nous permet de façonner son rôle, de favoriser la formation par le dialogue et d'enseigner avec innovation et intégrité.

Grâce à une utilisation réfléchie, l'IA ne devient pas une menace mais un outil pour les enseignants en théologie: elle élargit l'accès, invite à la réflexion et aide la prochaine génération à poser des questions plus pointues dans la quête de la sagesse.

Souhaitez-vous une banque de devoirs à insérer dans le texte ou un plan d'atelier de développement pédagogique basé sur ce chapitre? Ou devrions-nous intégrer ces éléments dans une boîte à outils pédagogique pour compléter le projet de livre complet?

Appendice
Exemple de politique institutionnelle d'IA pour l'enseignement théologique

But

Cette politique décrit l'utilisation appropriée des outils d'intelligence artificielle (IA) dans le travail universitaire et la vie institutionnelle. Elle reflète l'engagement de l'établissement en faveur de l'intégrité académique, de la formation spirituelle, de la confiance mutuelle et de l'excellence pédagogique dans un paysage technologique en constante évolution.

1. Valeurs directrices
Notre institution affirme que:

La technologie est un outil à utiliser au service de la sagesse, et non un substitut à la perspicacité humaine ou au discernement spirituel.

Le travail académique doit refléter l'engagement authentique, la voix et la croissance de l'étudiant.

La formation est relationnelle, réflexive et incarnée; l'IA ne doit pas remplacer la présence essentielle de l'enseignant, de l'élève et de la communauté.

2. Utilisation de l'IA par les étudiants
a. Utilisations autorisées

Les étudiants peuvent utiliser des outils d'IA (par exemple, ChatGPT, Grammarly, des outils de traduction) pour le brainstorming, la correction grammaticale, la synthèse du contenu de fond ou l'assistance au formatage, sauf restriction contraire de l'instructeur du cours.

Les étudiants doivent reconnaître toute utilisation significative de l'IA dans la réalisation des devoirs (voir section 5).

b. Utilisations interdites

Soumettre un travail généré par l'IA comme étant le sien sans révision, citation ou autorisation de l'instructeur.

Utiliser l'IA pour réaliser des évaluations conçues pour évaluer la pensée, l'interprétation ou la réflexion originale (par exemple, des essais, des sermons, des réflexions théologiques) sans approbation explicite.

Utiliser l'IA pour contourner les objectifs d'apprentissage ou pour tromper les instructeurs sur la nature de l'engagement des étudiants.

3. Utilisation de l'IA par le corps professoral

Les professeurs sont encouragés à explorer le potentiel pédagogique des outils d'IA, notamment:

- Améliorer l'accessibilité ou la différenciation des supports de cours.
- Générer du contenu pédagogique complémentaire.
- Soutenir la conception ou la traduction des programmes d'études.

Les professeurs doivent modéliser une utilisation transparente et éthique de l'IA et divulguer l'utilisation de l'IA dans la conception des programmes, la création des devoirs ou les processus de rétroaction, le cas échéant.

4. Responsabilités institutionnelles

L'institution offrira des opportunités de développement continu du corps professoral pour s'engager de manière critique et créative dans l'IA.

Des ressources, des exemples de programmes et des ateliers pour les étudiants seront mis à disposition pour encourager un engagement cohérent, transparent et aligné sur les valeurs avec l'IA.

Les responsables ou comités d'intégrité académique réviseront cette politique chaque année à la lumière des changements technologiques et des commentaires de la communauté.

5. Directives de divulgation

Lorsque les étudiants ou les professeurs utilisent l'IA dans le développement de contenu académique ou pédagogique, ils doivent divulguer cette utilisation au moyen d'une déclaration claire, telle que:

Certaines parties de ce devoir ont été générées ou réalisées avec l'aide de [nom de l'outil], notamment pour [par exemple, le résumé, la structure du plan, les suggestions grammaticales]. L'ensemble du contenu a été révisé et édité pour refléter ma propre compréhension.

La divulgation est obligatoire dès lors que l'IA contribue substantiellement à la forme ou au contenu de l'œuvre. Le défaut de divulgation peut être considéré comme une atteinte à l'intégrité académique.

6. Violations et responsabilité

Les violations de cette politique seront traitées conformément aux procédures d'intégrité académique existantes, qui prévoient des possibilités de réflexion, de réparation et des mesures disciplinaires, le cas échéant. L'objectif de cette application n'est pas la punition, mais le rétablissement de la confiance et le respect des engagements partagés.

7. Réflexion théologique et éthique

Cette institution encourage un dialogue continu sur les implications théologiques, éthiques et pastorales de l'intelligence artificielle. Nous affirmons que:

La technologie ne doit jamais remplacer le travail de présence, de prière ou de discernement communautaire.

L'être humain, fait pour la relation, ne peut être réduit à un résultat ou à des données.

L'appel à la vérité reste au cœur de la vocation d'enseignant et d'apprenant.

Glossaire des termes clés

Intégrité académique

L'engagement envers l'honnêteté, la confiance et l'équité dans le travail universitaire. Dans le contexte de l'IA, il comprend des directives claires sur le moment et la manière dont les outils d'IA peuvent être utilisés ou cités.

Algorithme

Ensemble de règles et de procédures mathématiques permettant à un ordinateur de traiter des données, de reconnaître des modèles et de prendre des décisions. Il constitue le fondement de la manière dont les systèmes d'IA apprennent, s'adaptent et résolvent des problèmes dans diverses tâches.

Intelligence artificielle (IA)

Le vaste domaine de l'informatique se concentre sur le développement de systèmes capables d'effectuer des tâches nécessitant généralement une intelligence humaine, telles que la reconnaissance de la parole, l'interprétation du langage, la génération de texte ou la prise de décisions basées sur des données.

Ensemble de données

Un ensemble de données est un ensemble structuré d'informations utilisées à des fins d'analyse, d'apprentissage ou de référence. En IA, il se compose généralement d'exemples, étiquetés ou non, tels que du texte, des images ou des nombres, organisés pour aider les modèles à apprendre des schémas, à faire des prédictions ou à effectuer des tâches basées sur des données réelles ou simulées.

Incorporation

Une méthode de conversion de jetons en vecteurs numériques, permettant à l'IA de représenter des mots ou des concepts dans un espace mathématique basé sur des relations contextuelles.

IA générative

Systèmes d'IA capables de créer de nouveaux contenus (texte, images, musique, code) basés sur des modèles appris à partir de données de formation.

Modèle de langage étendu (LLM)

Un type de système d'IA entraîné sur d'énormes quantités de texte pour prédire et générer du langage. Parmi les exemples, on peut citer GPT-4, Claude et Gemini. Ces modèles simulent des réponses humaines, mais ne comprennent pas le contenu au sens humain.

Apprentissage automatique (ML)

Sous-ensemble de l'IA dans lequel les systèmes apprennent à partir de modèles de données plutôt que d'être explicitement programmés. Le ML sous-tend la plupart des applications d'IA modernes, notamment les modèles de langage et les systèmes de recommandation.

Rapide

Entrée ou instruction donnée par un utilisateur à un modèle d'IA pour générer une réponse. Les invites peuvent être des questions, des commandes ou des descriptions.

Ingénierie rapide

Pratique consistant à élaborer des entrées ou des questions efficaces pour guider les réponses d'un modèle d'IA. En concevant soigneusement les invites, les utilisateurs peuvent influencer la qualité des résultats, garantissant ainsi la pertinence, la clarté et l'exactitude de tâches telles que la rédaction, le codage, l'enseignement ou la recherche.

Apprentissage par renforcement à partir du feedback humain (RLHF)

Une méthode permettant d'affiner le comportement de l'IA en l'entraînant sur la base des commentaires d'évaluateurs humains qui classent ou notent ses réponses, dans le but d'améliorer l'utilité et de réduire les dommages.

Formation spirituelle

Processus de croissance en sagesse, en caractère et en foi, souvent poursuivi par des pratiques d'étude, de prière, de service et de réflexion. Dans l'enseignement théologique, la formation est à la fois personnelle et communautaire.

Discernement technologique

La pratique consistant à évaluer de manière critique les utilisations, les risques et les implications spirituelles des outils technologiques, en particulier dans les contextes éducatifs et pastoraux.

Tokenisation

Processus de décomposition d'un texte en unités (tokens), telles que des mots ou des sous-mots, pouvant être traités par des modèles linguistiques. Ces tokens sont ensuite associés à des valeurs numériques pour l'analyse computationnelle.

Entraînement

Processus consistant à apprendre à un modèle à reconnaître des modèles en l'exposant à de grandes quantités de données. Grâce à des analyses répétées, le modèle ajuste ses paramètres internes pour améliorer ses performances sur des tâches spécifiques, telles que la compréhension du langage ou la reconnaissance d'images.

Architecture du transformateur

La conception des réseaux neuronaux est au cœur de la plupart des LLM avancés. Elle utilise des mécanismes d'attention pour traiter et générer le langage, permettant aux modèles d'analyser les relations entre toutes les parties d'une phrase ou d'un passage.

Vecteur

Représentation numérique de données (mots, images ou sons, par exemple) utilisée par les modèles d'IA pour comprendre les relations et les schémas. Les vecteurs permettent le traitement mathématique d'informations complexes, permettant des tâches telles que la comparaison de similarités, le clustering et le raisonnement sémantique.